다 윈 가

플 라 톤 가

Welcome to
지식인 마을

새싹마을

촘스키가

아크로폴리스

아고라

아인슈타인가

입구

지식인마을02

데카르트 & 버클리

세상에 믿을 놈
하나 없다

지식인마을 02 세상에 믿을 놈 하나 없다
데카르트 & 버클리

저자_ 최훈

1판 1쇄 인쇄_ 2006. 11. 10.
2판 1쇄 발행_ 2013. 8. 30.
2판 4쇄 발행_ 2022. 4. 10.

발행처_ 김영사
발행인_ 고세규

등록번호_ 제406-2003-036호
등록일자_ 1979. 5. 17.

경기도 파주시 문발로 197(문발동) 우편번호 10881
마케팅부 031)955-3100, 편집부 031)955-3200, 팩스 031)955-3111

값은 뒤표지에 있습니다.
ISBN 978-89-349-2127-1 04160
    978-89-349-2136-3 (세트)

홈페이지_ www.gimmyoung.com   블로그_ blog.naver.com/gybook
인스타그램_ instagram.com/gimmyoung   이메일_ bestbook@gimmyoung.com

좋은 독자가 좋은 책을 만듭니다.
김영사는 독자 여러분의 의견에 항상 귀 기울이고 있습니다.

지식인마을02

데카르트 & 버클리
René Descartes & George Berkeley

세상에 믿을 놈 하나 없다

최훈 지음

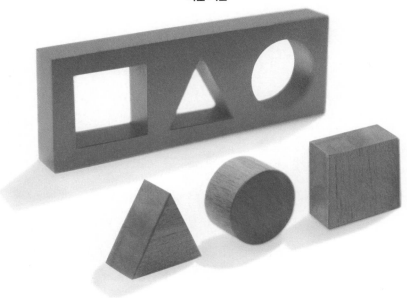

김영사

의심으로 철학하기

세상 사람들이 당연하게 생각하는 것을 의심해보는 것은 철학만이 가지고 있는 특성은 아니다. 나무에서 사과가 떨어지는 것을 보고 만유인력의 법칙을 발견한 뉴턴의 이야기처럼 과학자들 또한 평범한 사건을 허투루 보지 않는다. 무릇 모든 학문은 그런 호기심과 탐구 정신에서 시작할 것이다.

그러나 철학은 그 의심의 정도가 훨씬 심하고 아예 차원을 달리한다. 우리가 상식으로 알고 있는 것에서부터 과학자들이 탐구 결과 알아낸 지식까지 의심하기 때문이다. 도대체 우리가 안다는 것이 무엇인지, 우리가 아는 것이 옳은 것인지, 우리가 안다고 말할 수 있는지, 철학자들은 항상 물음을 던지고 대답을 한다.

철학의 여러 영역 중에서 지식, 곧 앎에 대한 탐구를 인식론이라고 한다. 철학이 원래 현실과 거리가 멀어 보이지만 인식론은 특히 더 그렇게 보인다. 우리는 많은 것을 알고 있고 모르는 것도 많지만 안다는 것 자체에 대해서는 별로 고민하지 않기 때문이다. 아마 독자 여러분들은 어떤 구체적인 지식에 대해서 "내가 이것을 정말 아는 걸까?"라고 생각해본 적은 있어도, 안다는 것 자체에 대해 의심해본 적은 없을 것이다. 그런데 회의론자들은 우리가 확실하게 안다고 말할 수 없다고 주장한다. 인식론은 이 회의론과 회의론에 대한 대응이 가장 중요한 부분을 차지한다.

서양 철학사에서 근세를 '인식론의 시기'라고 한다. 이 책의 주인 공들인 데카르트와 버클리는 근세 인식론의 양대 산맥인 합리론과 경험론의 중심 인물들이다. 이 두 사람에게는 회의론자가 아니면서도 회의론의 길을 열었다는 공통점이 있다. 데카르트는 확실한 지식의 토대를 찾기 위해 모든 것을 의심해보는 방법을 이용했다. 그러나 그의 의심의 방법은 회의론자들이 가장 즐겨 이용하는 논증이 되었다. 버클리는 회의론을 극복하기 위해 회의론 못지않게 상식적으로 받아들이기 어려운 관념론을 내세웠다. 그러나 이것은 흄이라는 회의론자의 이론에 발판이 되었다. 데카르트와 버클리는 회의론자가 아니면서도 회의론과 가장 가까운 철학을 지닌 학자들인 것이다.

이 책은 회의론을 중심으로 데카르트와 버클리의 철학을 살펴보는데 목적이 있다. 지은이는 이 책을 내면서 몇 가지 강조한 점이 있다.

첫째, 단순히 철학사의 지식보다는 철학하는 방법을 보여주려고 했다. 사실 "나는 생각한다. 고로 나는 존재한다"라는 말을 데카르트가 했다는 것이나 "존재하는 것은 지각하는 것이다"라는 말을 버클리가 했다는 것을 기억하는 것은 아무 의미가 없다. 그 말들이 어떤 철학적인 성찰을 거쳐서 나왔는지 따라가보며 스스로도 그런 성찰을 할 수 있느냐가 중요하다.

많은 철학책들이 철학을 배울 것이 아니라 철학함을 배우라는 말을 하고 있다. 하지만 실제 철학하는 법을 가르치는 책은 많지 않다. 부족한 깜냥이지만 독자들이 철학적인 성찰에 직접 참여하고 따라할 수 있도록 노력했다. 철학적 사고를 하도록 요청하는 부분에서는 그 다음 내용을 바로 읽지 말고 스스로 생각해보도록 하자. 그게 곧 철학하는 것이니까.

둘째, 앞서 철학, 특히 인식론이 현실과 동떨어진 것처럼 보인다고 말했지만 절대 그렇지 않다는 것을 강조했다. 인식론이 꽃핀 플라톤이나 데카르트 시대는 새로운 지식이 쏟아져 나오던 시기였다. 지금도 그 시대 못지않다. 인터넷은 지식의 양은 말할 것도 없고 지식의 질까지 바꾸어놓고 있다. 지식에 대한 재탐구가 필요한 시대다. 그리고 가상현실과 SF 영화들은 회의론의 주장들이 그럴듯하다는 것을 보여주는 것 같다.

이 책을 읽으면서 이 새로운 시대에 몇백 년 전에 살았던 철학자들의 주장이 어떤 의미를 갖는지 함께 고민해볼 수 있을 것이다. 철학이 결코 현실과 무관하지 않고 오히려 현실을 선도한다는 것도.

위와 같은 점을 강조하려다 보니 데카르트와 버클리의 원래 주장을 잘못 이해한 곳도 있을 것 같다. 데카르트와 버클리의 철학을 소개하는 것이 목표가 아니라 그들을 통해 현실과 유리되지 않는 철학하는 방법을 소개하는 것이 목표라는 말로 변명을 대신하고 싶다. 굳이 말하자면 데카르트와 버클리는 회의론을 배우려는 구름판이다. 그리고 회의론은 철학의 맛을 가장 잘 보여주는 재료. 회의론으로 배우는 철학이 이 책의 주제라고 할 수 있을 것 같다.

이 책의 제목을 정하면서 꽤 오래된 유머가 생각났다.

아버지와 아들이 목욕탕에 갔다. 아버지가 먼저 탕에 들어가서 말했다.

"어, 시원하다."

아들이 그 말을 듣고 탕에 풍덩 뛰어 들어갔다. 그러고 뜨거워 죽겠다면서 하는 말.

"세상에 믿을 놈 하나도 없네."

회의론자들도 이런 심정일까?

이 책은 장대익 박사가 아니었으면 시작하지 못했을 것이다. 그리고 김영사 박은주 사장의 도움이 없었으면 완성하지 못했을 것이다. 황은주 선생은 영화에 대해, 이경의 교수는 몰리에르에 대해 많은 도움을 주었다. 그분들께 감사드린다. 이 원고는 캐나다 위니펙 대학에 방문학자로 있을 때 마무리를 지었다. 낯선 이방인에게 친절을 베풀어준 월턴 교수와 그의 부인 캐런에게 고마움을 전한다.

원고를 쓸 때 아내와 딸은 첫 독자가 되어주었다. 그래서 책을 쓰는 내내 즐거웠다. 아내와 딸에게 사랑을 전한다.

〈지식인마을〉시리즈는…

「지식인마을」은 인문·사회·과학 분야에서 뛰어난 업적을 남긴 동서양대표 지식인 100인의 사상을 독창적으로 엮은 통합적 지식교양서이다. 100명의 지식인이 한 마을에 살고 있다는 가정 하에 동서고금을 가로지르는 지식인들의 대립·계승·영향 관계를 일목요연하게 볼 수 있도록 구성했으며, 분야별·시대별로 4개의 거리를 구성하여 해당 분야에 대한 지식의 지평을 넓히는 데 도움이 되도록 했다.

〈지식인마을〉의 거리

플라톤가 플라톤, 공자, 뒤르켐, 프로이트 같이 모든 지식의 뿌리가 되는 대사상가들의 거리이다.

다윈가 고대 자연철학자들과 근대 생물학자들의 거리로, 모든 과학 사상이 시작된 곳이다.

촘스키가 촘스키, 베냐민, 하이데거, 푸코 등 현대사회를 살아가는 인간에 대한 새로운 시각을 제시한 지식인의 거리이다.

아인슈타인가 아인슈타인, 에디슨, 쿤, 포퍼 등 21세기를 과학의 세대로 만든 이들의 거리이다.

이 책의 구성은

「지식인마을」 시리즈의 각 권은 인류 지성사를 이끌었던 위대한 질문을 중심으로 서로 대립하거나 영향을 미친 두 명의 지식인이 주인공으로 등장한다. 그리고 다음과 같은 구성 아래 그들의 치열한 논쟁을 폭넓고 깊이 있게 다룸으로써 더 많은 지식의 네트워크를 보여주고 있다.

초대 각 권마다 등장하는 두 명이 주인공이 보내는 초대장. 두 지식인의 사상적 배경과 책의 핵심 논제가 제시된다.

만남 독자들을 더욱 깊은 지식의 세계로 이끌고 갈 만남의 장. 두 주인공의 사상과 업적이 어떻게 이루어졌으며, 그들이 진정 하고 싶었던 말은 무엇이었는지 알아본다.

대화 시공을 초월한 지식인들의 가상대화. 사마천과 노자, 장자가 직접 인터뷰를 하고 부르디외와 함께 시위 현장에 나가기도 하면서, 치열한 고민의 과정을 직접 들어본다.

이슈 과거 지식인의 문제의식은 곧 현재의 이슈. 과거의 지식이 현재의 문제를 해결하는 데 어떻게 적용될 수 있는지 살펴본다.

이 시리즈에서 저자들이 펼쳐놓은 지식의 지형도는 대략적일 뿐이다. 「지식인마을」에서 위대한 지식인들을 만나, 그들과 대화하고, 오늘의 이슈에 대해 토론하며 새로운 지식의 지형도를 그려나가기를 바란다.

지식인마을 책임기획 장대익
서울대학교 자유전공학부 교수

Contents 이 책의 내용

Chapter 3 대화

철학자들의 엽기발랄 채팅방 · 128

Chapter 4 이슈

지식은 경험에서 오는가, 이성에서 오는가? · 142
그 후 회의론은 어떻게 되었을까? · 152

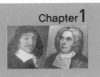

Chapter 1

René Descartes

초대

INVITATION

George Berkeley

그대 아직 꿈꾸고 있는가?

상황 1 **몰래 카메라**

양송이는 유명한 탤런트다. 하루는 위장 투시 검사를 받으러 병
원에 갔다. 그런데 의사는 기상천외한 검사들을 실시한다. 검사
대 위에서 윗몸일으키기를 시키지 않나, 자전거 타는 흉내를 내
라고 하지 않나, 구구단을 외우라고 하지 않나, 투시기를 위장이
아닌 얼굴에 대지 않나. 양송이는 뭔가 이상했지만 의사의 말이
라 고분고분 따랐다. 그러나 알고 보니 몰래 카메라였다.

상황 2 **《장자》의 나비의 꿈**

《장자莊子》에 나오는 유명한 나비의 꿈 이야기. "어느 날 장주(장
자)가 꿈에서 나비가 되었다. 나비는 싱글벙글 흡족해하며 자기
가 장주라는 것을 모르고 날아다녔다. 그러다 꿈에서 깨어나 보

니 자기는 분명 장주였다. 장주가 꿈에서 나비가 되었는지, 아니면 나비가 꿈에서 장주가 되었는지 분간할 수가 없었다." 과연 꿈이 현실인가, 현실이 꿈인가. 이런 것이 세상 변화의 본질이 아니겠는가.

상황 3 영화 〈매트릭스〉

영화 〈매트릭스Matrix〉(1999)에서 네오는 현실 같은 꿈을 꾸다 깨어난다. 그는 마침 자신을 찾으러 집으로 온 사람들에게 이렇게 말한다.

"꿈인지 생시인지 불분명한 그런 느낌 알아?"

직장으로 출근한 네오는 요원들에게 붙잡힌다. 요원들은 네오를 어디론가 끌고 가 심문한다. 그들은 네오의 입을 없애버리고 새우처럼 생긴 벌레를 배꼽 속으로 집어넣는다. 네오는 그때 또 한 번 잠에서 깨어난다. 그리고 모피어스로부터 지금까지 살아온 인생과 세계는 사실이 아니라는 말을 듣는다.

상황 4 영화 〈토탈 리콜〉

영화 〈토탈 리콜Total Recall〉(1989)에서 퀘이드는 화성으로 여행하고 싶어한다. 미래 세계에는 번거롭게 화성에 직접 갈 필요가 없다. 리콜이라는 회사에서 가상현실 기법을 이용해 화성 여행의 기억을 심어주기 때문이다. 그런데 리콜사에 간 퀘이드는 자신의 실제 기억이 지워지고 가짜 기억이 심어져 있다는 것을 알게 된다. 그는 실제로 지구의 식민지인 화성의 요원 하우저였던 것이다. 이제 퀘이드, 아니 하우저는 화성에 가게 되고, 그곳에서 액션을 펼치게 된다. 화성에서 하우저에게 일어나는 일은 그에게 실제로 일어나는 현실일까? 아니면 리콜사에서 심어준 가짜 기억에 불과할까?

이 네 가지 이야기에는 무언가 공통점이 있어 보인다. 다음 내용을 읽기 전에 스스로 생각해 보자. 공통점은 무엇일까?

먼저 꿈이라는 공통점이 떠오른다. 《장자》와 〈매트릭스〉는 분명 꿈 이야기다. 그러나 몰래 카메라는 꿈이 아니다. 속은 것을 안 사람은 꿈이었으면 하겠지만. 그리고 〈토탈 리콜〉도 기억을 심어 넣는 것이지 꿈은 아니다. 그렇다면 무엇이 공통점일까?

아마도 등장하는 인물이 모두 속고 있다는 사실이 떠오를 것이다. 몰래 카메라에서는 출연한 연예인이 속고 있다는 게 분명하다. 그리고 꿈속에서 겪은 일은 깨어보면 사실이 아니다. 만일 꿈속의 일을 사실이라고 믿었다면 그것은 속은 것이다. 《장자》의 장주와 〈매트릭스〉의 네오는 속은 것이다. 〈토탈 리콜〉의 퀘이드는 어떤가? 그가 하우저라는 게 사실이라면 퀘이드로서 살아온(또는 그렇게 생각한) 경험은 가짜다. 즉 속은 것이다. 화성에서 일어난 일이 사실은 리콜사에서 심어준 기억이라면? 그것을 사실이라고 생각하는 우리는 속은 것이다.

결국 네 가지 이야기 모두 우리가 사실이라고 믿고 있는 것이 사실이 아니라는 것을 말해준다.

그렇다면 다음 중 가장 황당한 사람은 누구일까?

① 몰래 카메라의 양송이
② 《장자》의 장주
③ 〈매트릭스〉의 네오
④ 〈토탈 리콜〉의 퀘이드

황당함을 느끼는 정도야 사람마다 다 다른데 순위를 매길 수 있을까? 이 질문은 누가 가장 많이 속고 있는가를 묻는 것이다.

몰래 카메라에 걸린 불쌍한 양송이는 자신이 속고 있다는 것을 전혀 알지 못했다. 의사라고 알고 있던 사람도 알고 보니 의사가 아니었다. 그 가짜 의사가 지시한 황당한 검사도 진료의 일부인 줄 알고 따라 했지만 가짜였다.

그러나 모든 것이 가짜인 것은 아니다. 의사로 알고 있던 사람도 가짜고 의사가 시킨 것도 가짜지만 그 사람마저 가짜는 아니다. 사람은 분명히 사람이다. 병원 또한 가짜인 것은 아니다. 그날 양송이가 경험한 것 중에 중요한 몇몇 일들이 사실이 아닌 것으로 드러났지만 그래도 다른 많은 경험은 여전히 의심의 여지 없는 사실이다. 그리고 속았다는 것도 엄연한 현실이다.

장주는 어떨까? 아마 장주는 아주 생생한 꿈을 꾸었던 것 같다. 꿈속에서 장주는 나비가 되었다. 나비는 자신이 장주가 꾸는 꿈속의 주인공인 줄도 모른다. 나비는 꿈속에서 여러 가지를 경험한다. 예쁜 꽃도 보고 꿀도 먹고 다른 나비도 만난다. 이 모든 것이 사실이 아니라 꿈에 불과하다는 것을 '꿈에도' 생각하지 못한다. 그러나 나비가 경험한 모든 것은 하나하나가 모두 현실이 아니다. 예쁜 꽃, 꿀, 나비들만 가짜가 아니다. 그것들이 있었다

◆◆
우리가 살고 있는 이 세상은 영원히 깨어나지 않는 꿈에 불과한 것은 아닐까? 내가 지금 꿈을 꾸고 있는 것이 아니라고 말할 수 있는 근거가 있을까?

는 것도 사실이 아니고 자신이 나비라는 것도 사실이 아니다. 모든 것이 사실이 아니다.

아마 여러분들도 장주와 같은 경험을 한 적이 있을 것이다. 꿈이 너무 생생할 때 꼭 현실처럼 느껴진다. 그러나 장주도 꿈이 사실은 꿈에 불과하다는 것을 모르지 않는다. 다만 그 꿈이 너무 생생해서 꿈과 현실 중 어느 쪽이 진짜 꿈인지 모르겠다고 말한 것뿐이다. 깨어난 후 그것이 꿈이었다는 것을 분명하게 안다면 그렇게까지 황당할 것 같지는 않다.

장주나 네오나 생생한 꿈을 꾼 것은 똑같다. 그러나 황당한 것으로 치자면 장주는 네오한테 비교가 안 된다. 네오는 꿈에서 두 번이나 깨어나니까. "꿈인지 생시인지 불분명한 그런 느낌 알아?"라고 말할 때가 첫 번째 깨어날 때다.

꿈에서 깨어난 네오는 직장에 출근했다가 요원들에게 붙잡힌다. 그리고 심문을 당한다. 이것은 분명히 현실 같다. 그러나 그는 다시 한 번 꿈에서 깨어난다. 그리고 모피어스로부터 도저히 믿을 수 없는 말을 듣게 된다. 지금까지 20여 년 동안 살아온 삶이 모두 꿈이었다는 이야기를. 첫 번째 꿈은 꿈속에서 꿈을 꾼 것이다. 세상에나!

몰래 카메라는 우리 삶에서 낯선 것이 아니다. 서양에서도 TV 오락 프로그램의 단골 메뉴다. 《장자》의 꿈 이야기도 생생하다 뿐이지 어디까지나 꿈이다. 그런데 지금 우리가 살아가고 있는 현실이 꿈이라니! 내가 태어나서 지금까지 살아온 인생이 한

갓 꿈이라니! 이는 영화에서나 가능한 이야기다. 그것이 사실이라면 내가 지금 보고 듣고 있는 것도 모두 가짜고 지금까지 살아온 삶도 모두 가짜다. 네오만큼 황당한 사람이 있을까?

그러나 〈토탈 리콜〉은 한술 더 뜬다. 〈매트릭스〉에서는 지금까지 살아온 삶이 꿈이라는 '황당한 시추에이션'이 있긴 해도 결국은 네오가 잠에서 깨어나 왜 그런 꿈을 꾸게 되었는지 모피어스로부터 듣게 된다(그리스 신화를 좋아하는 사람들은 금방 알아챘겠지만 '모피어스'는 꿈 또는 잠의 신의 이름이다).

네오가 모피어스와 함께 모험을 펼치는 세계는 '진짜' 세계다. 의심의 여지가 없는 진짜 세계인 것이다. 네오는 더 이상 속지는 않는다.

그런데 〈토탈 리콜〉에서는 퀘이드가 가짜 기억 속에 있는 것인지 하우저가 가짜 기억 속에 있는 것인지 알 수 없다. 리콜사에 간 퀘이드는 자신이 사실은 하우저이고 머릿속에 퀘이드의 가짜 기억이 심어져 있다는 말을 듣는다. 하우저의 삶이 진짜이고 그의 가짜 기억 속에서 퀘이드가 살아가고 있는 것 같다. 그러나 이 영화는 퀘이드의 삶이 진짜이고, 퀘이드가 선택한 화성 여행에서 하우저가 등장하는 것으로 해석되기도 한다. 어느 쪽이 진짜인지 단정할 근거가 없다.

누구의 삶이 진짜인가? 누가 가짜 인생을 살고 있는 것인가? 내가 지금까지 살아온 인생이 진짜인지 가짜인지 알 수 없으니 이보다 더 황당할 수 있겠는가? 우리는 하우저에게 심어진 기억 속의 퀘이드처럼 또는 퀘이드에게 심어진 기억 속의 하우저처럼 가짜 기억 속에서 살고 있는 것은 아닐까? 우리가 살고 있는 이 세상은 영원히 깨어나지 않는 꿈에 불과한 것은 아닐까? 내가 지금 꿈을 꾸고 있는 것이 아니라고 말할 수 있는 근거가 있을까?

René Descartes

Chapter 2

만남

MEETING

George Berkeley

안다는 것, 즉 지식이란 무엇인가?

지식을 찾는 사람들

이제 일상 생활이 되어버린 인터넷은 우리에게 많은 것을 알려준다. 연예인의 성형수술 전 사진부터 지구 반대편에서 방금 쓴 기사까지 우리는 인터넷을 통해 수많은 정보를 얻는다. 그래서 우리는 '인터넷은 ○○의 바다'라고 말한다(여기에서 ○○에 알맞은 말은 무엇일까?).

우리는 그 바다를 익스플로러를 타고 익스플로어(탐험)하거나 내비게이터를 타고 내비게이트(항해)한다.

이 바다에는 지식들이 가득 차 있다. 연예인이 성형 수술 전에 어떻게 생겼는가 하는 것에서부터 이름 모를 어느 나라에서 일어난 사건, 사고에 이르기까지 온갖 지식들로 넘쳐난다. 어떤 사이트에서는 지식을 알려주면 내공이 쌓이고 이 내공을 마일리지로 바꿀 수도 있다. 지식은 곧 돈이 되는 것이다.

그런데 이 지식 자체를 연구 주제로 삼는 사람들이 있다. 다음 중 누구일까?

① 과학자
② 지식 검색 사이트 만드는 사람
③ 심리학자
④ 인식론자

상식도 지식이지만 뭐니 뭐니 해도 과학자들이 만드는 지식이 진짜 지식이다. 왜 '지식 강국'이라는 말을 하겠는가? 과학자들이 지식을 많이 만들어야 잘사는 나라가 된다는 뜻 아니겠는가? 따라서 지식 그 자체를 연구하는 사람들은 과학자들이 분명하다.

그러나 아쉽게도 이것은 정답이 아니다. 위의 물음은 개별 지식에 관심 있는 사람이 아니라 지식 그 자체에 관심이 있는 사람을 물은 것이다. 가령 천문학자들은 태양계에서 가장 먼 은하계가 어디 있느냐는 지식에 관심이 있다. 또 생물학자들은 난치병을 치료할 수 있는 지식에 관심이 있다. 그들의 관심은 개별 지식에 있지 지식 그 자체에 있는 것이 아니다.

그렇다고 지식 검색을 상품으로 만드는 인터넷 포털 회사의 직원들도 아니다. 인터넷 포털 회사의 관심은 이미 완성된 지식을 네티즌들로 하여금 어떻게 주고받게 하며, 어떻게 해야 돈을 벌 수 있는지 하는 것에 있다. 지식 그 자체에 대해서는 궁리하지 않는다. 한편 심리학자들은 지식 그 자체에 관심이 있긴 하다. 그러나 그들은 지식에 대한 궁금증 중 일부분, 곧 우리가 어떻게 해서 알게 되는가 하는 것에만 관심이 있을 뿐 우리들이 알게 된 지식이 올바른 지식인지 잘못된 지식인지는 상관하지 않는다. 그렇다면 지식 그 자체를 연구 주제로 삼는 사람들이 누구인지 갈수록 알쏭달쏭해진다.

지식 그 자체에 대해 연구하는 학문을 철학에서는 인식론^{認識論}이라고 한다. 인식론은 영어로 'epistemology'라고도 하고 'theory of knowledge'라고도 하니, 우리말로는 인식론이라고 해도 되고 지식론이라고 해도 될 것이다. 인식론자들은 다음과 같은 질문들을 던진다.

- 지식이란 무엇인가?
- 어떻게 지식을 갖게 되는가?
- 지식이라고 하는 것이 진짜 지식인가?
- 어느 정도 확실해야 지식이라고 할 수 있는가?

인식론자들은 우리가 지식이라고 부르는 것들 중에서 진정한 지식이 무엇인지 하는 것에 관심이 있었다. 그렇다면 그들이 무엇을 지식이라고 말하는지에 대한 설명을 듣기 전에 미리 한 번 생각해보자. 다음 중 지식이라고 할 수 있는 것은 무엇일까?

① 외계인이 존재한다.

② 이번 주 로또 당첨번호는 4 · 9 · 13 · 18 · 21 · 34번일 것이다.

③ 시험 문제의 답을 3번이라고 찍었는데 정말 3번이었다.

④ 이 사과는 달다.

　믿는다고 해서 다 지식이 되는 것은 아닐 것이다. 그 믿음이 사실임이 밝혀져야 지식이 된다. 우리들의 믿음은 수없이 많지만 그중에서 사실인 것은 얼마 안 된다. 따라서 ①은 지식이 아니다.

　그리고 ②는 희망사항일 뿐이다. 번호가 맞는다면 얼마나 좋겠는가? 당첨번호를 아직 알지 못하는 이상 ②는 지식이 아니다. 그러나 혹시 당첨번호가 4 · 9 · 13 · 18 · 21 · 34번이 맞다면, 그때는 ②가 지식이라고 할 수 있을까? 이번 주 당첨번호를 알았다고 말할 수 있을까? 또 ③처럼 문제를 풀 때 찍어서 맞힌 경우 그 문제의 정답을 안다고 말할 수 있을까? 우리는 그럴 때 안다고 말하지 않는다. 우연히 사실로 드러난 것을 지식이라고 하지는 않는 것이다.

　그럼 ④는 어떨까? 지식이라고 하니까 거창해 보이지만 지식이라는 것은 다른 것이 아니라 우리가 아는 것을 말한다. 꼭 인터넷이나 학교 수업, 책을 통해서 아는 것만이 지식은 아니다. 할머니 무릎에 앉아 배워 아는 것도, 직접 경험을 통해 아는 것도 모두 지식이다. 예를 들어 하늘이 파랗다는 것도 지식이고 내 앞에 컴퓨터가 있다는 것도 지식이다. 오늘은 날씨가 춥다는 것도 지식이 될 수 있다.

'지식'과 '지식이 아닌 것'의 차이

대표적인 인식론자는 고대 그리스의 철학자인 플라톤이다. 대부분의 철학적 논의는 소크라테스의 제자이며 아리스토텔레스의 스승인 플라톤에서부터 본격적으로 시작되는데 인식론도 마찬가지다. 그는 어떨 때 지식이라고 부를 수 있는지, 즉 지식의 조건에 대해 궁금해했다. 그래서 그는 무엇인가를 안다고 할 때는 다음과 같은 조건을 만족해야 한다고 말했다.

- 무엇인가를 믿어야 한다.
- 그 내용은 참이어야 한다.
- 무엇인가를 믿을 만한 이유가 있어야 한다.

첫째와 둘째 조건은 이미 설명한 것이다. 어떤 사람이 무엇인가를 알기 위해서는, 곧 그에게 지식이 되기 위해서는 그는 일단 믿어야 하고 그 믿음이 참이어야 한다. 그렇다면 믿음이 참이기만 하면 지식이라고 말할 수 있을까? 플라톤이 살던 시대에 변론가(소피스트)라는 사람들이 있었다. 그들이 사람들을 속여 어떤 것을 믿게 만드는 일이 있었는데 가끔은 그 믿음이 참이 되기도 했다. 이런 식으로 속은 사람들이 참인 믿음을 가진 것은 맞다. 그렇다고 해서 안다고 말할 수는 없다는 것이 플라톤의 생각이다.

다음과 같은 보기를 생각해보자. 내가 머리가 아파 집에 있는 약을 두통약이라고 믿고 먹었다고 해보자. 나에게는 이 약이 두통약이라고 믿을 만한 이유가 전혀 없다. 그냥 두통약이기를 바랄 뿐이다. 이런 경우 내가 이 약이 두통약이라는 것을 알았다고 말할 수 있을까? 당연히 없다. 그 약이 다행히도 두통약이었다고 해보자. 그러면 내 믿음이 참인 것으로 밝혀질 것이다. 이 경우에는 내가 이 약이 두통약임을 알았다고 말할 수 있을까? 역시 알았다고 할 수 없다.

이 이야기는 어떤 믿음이 참이라고 하더라도 믿을 만한 충분한 이유가 없다면 지식이 될 수 없음을 보여준다. 지식이 되기 위해서는 믿음이 참이라는 데서 그쳐서는 안 되고 그 믿음이 사실이라는 적합한 설명을 할 수 있어야 한다는 것이 플라톤의 생각이다. 현대의 인식론자들은 충분한 이유를 댈 수 있다는 것을 정당화라고 부른다. 곧 정당화할 수 있는 참된 믿음만을 지식이라고 할 수 있다는 것이다. 이 관점에서 볼 때 앞에서 이야기한 ④는 지식일까? 사과가 달다는 것이 맞고 내가 그렇게 느꼈다면 정당화된 것이다. 내가 달다고 느낀 것보다 더 충분한 이유가 있을까?

그때 나는 사과가 달다는 것을 안다고 말할 수 있다.

플라톤의 철학은 대부분 그의 스승 소크라테스를 주인공으로 내세워 이야기를 주고받는 대화 형식*으로 기록되어 있다. 그중 하나인 《테아이테토스Theaitetos》에서 소크라테스는 테아이테토스에게서 다음과 같은 진술을 이끌어낸다.

선생님, 누군가 다른 사람에게서 들었는데 잊고 있었던 구별이 하나 있습니다. 그는 논거와 결합된 옳은 의견은 지식이지만 논거가 없는 의견은 지식의 범위를 벗어났다고 말했습니다. 그렇다면 합리적 설명이 없는 것들은 지식이 아니지 않습니까?

합리적 설명을 할 수 있는, 곧 정당화 근거를 댈 수 있는 것만이 지식의 자격을 얻을 수 있는 것이다. 인식론은 플라톤 이후 서

◆◆ 소크라테스의 대화법

소크라테스는 책을 한 권도 남기지 않았지만, 대신 제자인 플라톤의 대화편에 주인공으로 등장한다. 그는 다른 사람이 스스로 지식을 발견하도록 도와주는 대화법을 사용한 것으로 유명한데, 이것을 자신의 어머니 직업에 빗대어 '산파술'이라고 불렀다. 우리나라에서 1980년대에 인기리에 방영된 미국의 TV 드라마 〈하버드 대학의 공부벌레들Paper Chase〉에서 등장인물인 킹스필드 교수가 강의 시간에 소크라테스 대화법을 사용했다고 알려져 있다. 그러나 소크라테스 전문가들에 따르면 그것은 소크라테스 대화법이 아니다.

양의 중세 때는 활발하게 논의되지 못했다. 왜 그렇게 믿는지에 대한 충분한 이유를 묻는 것을 교회가 금지했기 때문이었다. 교회에서 가르치는 믿음은 그냥 믿어야 하는 것이었다. 그러나 교회의 영향력이 줄어든 서양의 근세에 이르러 사람들은 믿음을 다시 생각해보게 되었다. 이 믿음은 정말 믿어도 되는 것일까? 그곳에 데카르트가 있다.

의심하는 그들, 데카르트와 버클리

데카르트를 만나다

르네 데카르트René Descartes, 1596~1650라는 이름을 한 번도 못 들어봤다고? 만약 다음 두 가지 중 하나라도 들어보았다면 당신은 데카르트를 이미 알고 있는 것이다.

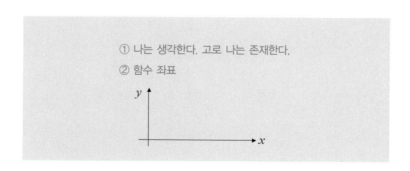

① 나는 생각한다. 고로 나는 존재한다.
② 함수 좌표

데카르트라는 이름을 한 번도 못 들어보았다고 생각하는 사람들도 "나는 ○○한다. 고로 나는 존재한다"라는 식의 표현을 들어보았을 것이다. 이를 패러디한 "나는 게임한다. 고로 나는 존재한다" "나는 쇼핑한다. 고로 나는 존재한다" "나는 술을 마신다. 고로 나는 존재한다" 등의 표현도 주위에 흔하다.

◆◆
"나는 생각한다, 고로 나는 존재한다"를 패러디한 호주 멜버른의 술집 간판. ⓒ최훈

그 말을 못 들어봤더라도 중학교 이상 나왔다면 사실 데카르트를 이미 알고 있는 것이다. 수학 시간에 지겹게 배우고 그려봤을 함수 그래프, 바로 그것을 좌표 평면에 처음 나타낸 사람이 데카르트다. 좌표 평면이라고 하니까 오랜만에 들어보는 어려운 말 같지만 좌우로 x 축, 상하로 y 축을 그려놓은 것이 바로 좌표 평면이다. 그 좌표 평면을 데카르트가 처음 생각해냈기 때문에 '데카르트 평면'이라고도 부른다. 그리고 (2, 3)이나 (−5, 7)처럼 데카르트 평면에 찍힌 점들은 '데카르트 곱'이라고 부른다.

데카르트 곱은 영어로 'Cartesian product'라고 한다. 그리고 이 책에서 중요하게 다룰 데카르트적 회의론은 'Cartesian Skepticism'이라고 한다. 잘은 모르겠지만 데카르트라면 D로 시작할 것 같은데 왜 C로 시작할까? Cartesian은 또 누구일까?

데카르트는 프랑스 사람이다. 데카르트는 프랑스어로 Descartes 라고 쓰는데, 이는 'Des'와 'Cartes'가 합해진 말이다. 영어의 'of'의 뜻을 지니고 있는 'des'는 어디어디 지방 출신이라는 것을 나타낸다. 옛날 유럽의 귀족들은 어디어디 지방 출신이라는 것을 성으로 나타냈다. 네덜란드의 하르먼스 판 레인 렘브란트 Harmensz van Rijn Rembrandt에서 '판van', 독일의 요한 볼프강 폰 괴테 Johann Wolfgang von Goethe에서 '폰von', 이탈리아의 레오나르도 다 빈치 Leonardo da Vinci의 '다da' 같은 단어가 프랑스어의 '데des'의 기능을 한다. 따라서 데카르트에서 'des'는 의미가 없는 말이고, 중요한 것은 'cartes'이므로 데카르트의 이름이 영어에서는 형용사로 'Cartesian'이 된 것이다.

이름에 관한 이야기가 길어졌는데, 이쯤에서 데카르트의 삶을 문제로 풀어보자.

다음 중 맞는 답을 골라보자!

① 다음 중 데카르트의 직업이 아닌 것은?
ㄱ 수학자 ㄴ 철학자 ㄷ 과학자 ㄹ 군인

② 다음 중 데카르트가 즐겨 한 행동이 아닌 것은?
ㄱ 가발 쓰기 ㄴ 과식하기 ㄷ 침대에서 빈둥거리기 ㄹ 검은 옷 입기

③ 다음 중 데카르트와 같은 시대에 살지 않은 사람은?
ㄱ 셰익스피어 ㄴ 갈릴레이 ㄷ 뉴턴 ㄹ 루터

④ 다음 중 데카르트가 여행한 나라가 아닌 것은?
ㄱ 네덜란드 ㄴ 이탈리아 ㄷ 미국 ㄹ 스웨덴

①번 문제부터 시작해보자. 좌표 평면을 만들었으니 수학자는 맞다. 이 책이 철학자로서의 데카르트를 소개하는 책이니 철학자도 맞을 것이다. 근데 과학자이기도 할까? 그리고 웬 군인?

한 가지도 잘하기 힘든데 데카르트는 수학자로서도, 철학자로서도 위대한 업적을 남겼다. 그리고 수학, 철학만큼은 아니지만 광학과 기하학에서도 뛰어난 성과를 냈다고 한다. 그러니까 과학자도 맞다. 또 그가 군인이었던 것도 맞다. 데카르트는 위대한 수학자, 철학자, 과학자였지만, 군인으로서는 별로였던 것 같다. 들리는 말에 의하면 그는 전쟁이 없는 지역으로만 돌아다녔다고 한다. 당시는 유럽의 모든 나라들이 신교와 구교로 나뉘어 일종의 세계 대전인 30년전쟁(1618~1648)을 벌이던 때다. 장교였던 데카르트가 이 전쟁에서 특별한 공을 세웠다는 소식은 없다. 흥미 있는 사실은 용병이었던 그가 처음에는 네덜란드(신교) 편에서, 그 다음에는 바이에른(구교), 그 다음에는 프랑스(구교) 편에서 싸웠다는 것이다. 한 번은 남측에서 또 한 번은 북측에서 싸운 영화 〈태극기 휘날리며〉(2004)의 진태(장동건) 같은 사람이 옛날 서양에도 있었던 것이다. 그러므로 ①번 문제의 정답은 '없다'.

사실 데카르트는 그렇게 부지런한 사람이 아니었다고 하니 군인으로서 성공했을 리가 없다. 그는 학교에 다닐 때 기숙사 침대에서 늦게까지 빈둥대도 되는 특권을 얻었다고 한다. 게으른 사람들은 자신과 같은 부류에 속하는 사람 중에 성공한 이도 있다고 기뻐하겠지만 계속 따라 하다가는 평생 빈둥거릴 수 있다.

데카르트는 침대에 누워 사색을 하고 글도 썼다고 한다. 그가 쓴 책 이름을 빌려 멋지게 말하자면 침대에서 '성찰'을 한 것이다. 좌표도 침대에 누워 천장에 붙어 있는 파리가 움직이는 것을 보고 생각해냈다고도 하는데, 믿고 안 믿고는 독자의 자유다. "나는 생각한다. 고로 나는 존재한다"라는 유명한 말도 바이에른 군대 시절에 난로 안에서 꼼지락거리다가 꿈을 꾸게 되었고 그 결과 생각해낸 말이라고 한다. 이래저래 게으른 덕을 본 철학자다 (데카르트 스스로가 난로 '안'이라고 말하고 있다. 그런데 많은 책들에는 난로 앞이라고 소개되어 있다. 어떻게 사람이 난로 안에 들어갈 수 있나? 하지만 버트런드 러셀에 따르면 당시에는 난로가 그렇게 생겼다고 한다).

그리고 데카르트가 살던 당시는 가발이 유행하던 시기다. 데카르트에게는 가발이 4개나 있었다고 한다. 그는 옷을 단정하게 입었고 검은 옷을 즐겨 입었다고 한다. 그리고 밥은 조금만 먹었다고 한다. ②번 문제의 정답은 ⓒ이다.

데카르트는 1596년에 프랑스 투렌 지방에서 태어났다. 그가 태어난 조그만 마을을 지금은 그의 이름을 기려 데카르트라고 부른다고 한다. 이 시기는 유럽에서 중세가 끝나고 근세로 접어든 이후이고 문명이 화려하게 꽃핀 시기이기도 하다. 태양이 지구 주위를 도는 것이 아니라 지구가 태양 주위를 돈다고 주장한 코페르니쿠스^{Nicolaus Copernicus, 1473~1543}, 그리고 그의 이론을 관찰을 통해 증명하고 종교 재판까지 받은 갈릴레이^{Galileo Galilei, 1564~1642}나 역

◆◆
프랑스의 스트라스부르에 있는 데카르트 길. 우
리나라의 퇴계로나 다산로처럼 데카르트의 이름
을 붙인 길이다. 파리에도 데카르트 길이 있다.

시 그 이론을 수학적으로 증명한 케플러[Johannes Kepler, 1571~1630]가 같
은 시대를 산 과학자들이다. 데카르트가 20살 때 셰익스피어가
죽었고, 데카르트가 죽었을 때 뉴턴은 8살이었다. 루터[Martin Luther,
1483~1546]의 종교 개혁이 일어난 해는 1517년이다. 루터는 데카르
트가 태어나기 정확하게 50년 전에 죽었다(168쪽 '지식인 연보' 참
고). 따라서 ③번 문제의 답은 ㉣이다.

데카르트는 모든 것의 중심에 신앙이 자리잡고 있던 중세가 끝
나고 인간의 자유로운 사상과 합리적인 이성을 중시하는 근세가
시작되는 시기에 살았다. 그리고 그는 서양에서 근세 철학을 시
작한 사람, 곧 근세 철학의 아버지로 인정받는다.

그는 유럽 여러 곳을 여행했고 네덜란드에서 오래 살았다. 당
시 네덜란드는 유럽 문화의 중심지였고 무엇보다 사상의 자유가

1937년에 프랑스에서 발행된 《방법서설 Discours de la méthode》 발간 300주년 기념 우표. 《방법서설》의 프랑스어 제목을 잘못 인쇄해(왼쪽) 다시 인쇄했다(오른쪽).

보장되는 곳이었다. 요즘 말로 하면 톨레랑스^{tolérance}, 곧 관용의 나라인 셈이다(히딩크의 고향인 네덜란드는 지금도 안락사나 마약처럼 남에게 피해를 끼치지 않는 자유는 모두 보장된다). 로크도 한때 정치적인 이유로 네덜란드로 망명했으며 홉스도 네덜란드에서 책을 인쇄했다고 하는데, 데카르트도 갈릴레이를 종교재판에 회부하는 분위기 속에서 네덜란드로 간 것 같다. 또 데카르트는 이탈리아에 순례여행을 다녀왔다고 한다. 그리고 1649년에는 스웨덴의 크리스티나 여왕의 초청을 받고 스웨덴으로 갔다. 하지만 그가 미국에 갔다는 기록은 없다. ④번 문제의 답은 ㉢이다.

크리스티나 여왕은 영화 〈크리스티나 여왕$^{Queen\ Christina}$〉(1933)이 나올 정도로 유명한 인물이다. 스웨덴 출신의 전설적인 여배우 그레타 가르보가 이 영화에서 여왕 역을 맡았다. 크리스티나 여왕은 학문과 예술의 여왕이라고 불릴 정도로 당시 유럽의 유명한 학자나 예술가들을 초빙해 강의를 듣고 행사를 열었다고 한다. 데카르트도 크리스티나 여왕의 초청을 받은 것을 보면 당대

1966년에 알바니아에서 발행된 우표. '데카르트의 잎'이라고 불리는 도형이 보인다. 데카르트의 라틴어 표기 Cartesus가 잘못 인쇄되어 있다.

에도 유럽에 널리 알려진 철학자였던 것 같다.

그는 스웨덴에 가서 여왕의 철학 가정교사를 했다. 그러나 그게 화근이었다. 부지런한 여왕은 새벽 5시에 데카르트에게 철학을 배웠다고 한다. 낮 12시가 다 될 때까지 침대에 누워 있던 사람에게 새벽 5시에 일을 시키다니. 스웨덴의 추운 날씨도 또 하나의 원인이 되어 건강이 급속히 나빠진 데카르트는 결국 1650년에 죽고 말았다.

이 죽음에 음모론을 제기하는 사람들도 있다. 데카르트는 사실 크리스티나 여왕을 비판했기 때문에 독살당했다는 이야기다. 음모론을 즐기는 사람들은 모차르트Mozart Wolfgang Amadeus, 1756~1791가 오페라 〈마술피리Die Zauberflöte〉(1791)에서 프리메이슨Freemason의 의식을 폭로하려 했기 때문에, 아인슈타인Albert Einstein, 1879~1955은 원폭 반대의 선봉에 섰기 때문에 암살당했다고 주장하기도 한다. 우리나라에서도 조선시대의 정조(1777~1800 재위)가 암살당했다고 주장하는 사람들이 있다. 죽은 사람은 말이 없으니 진실은 알 수 없다. 다만 음모론을 주장하는 사람들의 특징은 음모만 제기하지 터럭만큼의 증거도 내놓지 못한다는 것이다.

버클리에 관한 진실

조지 버클리^{George Berkeley, 1685~1753}는 1685년 아일랜드에서 태어났다. 아일랜드는 조이스, 스위프트, 와일드, 버나드 쇼, 예이츠, 베케트 등 뛰어난 작가들을 배출한 곳이다. 철학자로 유명한 사람은 버클리 정도다(영어로 도시 이름 Berkeley는 '버클리'라고 읽는데 철학자 Berkeley는 '바클리'라고 읽는다고 한다. 그렇지만 우리말 표기법은 '버클리'이다. 바클리는 NBA 농구 선수 이름이다).

지금은 학교에서 철학을 가르치는 교수가 철학자의 직업이지만 철학 교수라는 직업이 생긴 것은 18세기가 되어서였다고 한

◆◆
존 스미버트(John Smibert, 1688~1751)가 1729년에 그린 버클리 주교 가족. 맨 오른쪽이 버클리다.

다. 우리가 잘 아는 철학자 칸트^{Immanuel Kant, 1724~1804}가 살았던 무렵부터 철학 교수라는 직업이 생긴다. 그럼 철학자들은 그 이전까지 무엇을 해서 먹고살았을까? 그들은 모두 다른 직업을 갖고 있었다. 근세의 주요 철학자들의 직업을 알아맞혀보자.

맞는 것끼리 줄로 이어보세요.

데카르트 ·	· 저술가
스피노자 ·	· 신부
라이프니츠 ·	· 군인, 저술가
로크 ·	· 의사, 정치가
버클리 ·	· 수공업자
흄 ·	· 법률가

데카르트는 앞에서 말한 것처럼 군인이었다. 그러나 평생 군인이었던 것은 아니었으며 물려받은 유산으로 생활했다. 저술 활동을 주로 하였으므로 저술가라고 할 수도 있다. 네덜란드의 철학자 스피노자^{Baruch Spinoza, 1632~ 1677}는 평생 안경알을 갈며 살았다고 한다. 안경알을 갈았다고 하니 동네에서 칼을 가는 사람 정도로 생각할지 모르겠지만 당시에는 아주 높은 수준의 광학 지식이 요구되는 일이었다. 스피노자는 44세에 폐결핵으로 죽었는데 유리 가루가 건강을 악화시킨 것이 원인이었다고 한다. 라이프니츠는 마인츠 후국^{侯國}의 법률 고문이었다. 로크는 의사이며

정치가였다. 이언 피어스의 역사 추리소설 《핑거포스트, 1663 An Instance of the Fingerpost》(1997)은 1663년 영국 옥스퍼드에서 일어난 사건을 소설화한 것인데 이 책에 로크가 실명으로 등장한다. 이 소설은 《다빈치 코드 The Da Vinci Code》(2003)보다 훨씬 흥미진진하고 《장미의 이름 Il nome della rosa》(1980) 못지않게 유익하다. 강추! 버클리는 주교였으며, 흄은 저술가라고 할 수 있다. 책을 쓰지 않은 철학자들이 없겠지만, 흄은 철학책보다는 역사서인 6권짜리 《영국사 The History of England》(1754~1762)로 널리 유명해졌다.

데카르트처럼 버클리의 삶도 퀴즈로 풀어보자. 이번에는 ○, × 문제다.

맞으면 ○, 틀리면 ×

① 버클리는 결혼을 했다. (   )

② 버클리의 철학은 당시 많은 사람들에게 지지를 받지 못했다. (   )

③ 버클리 대학으로 유명한 미국의 버클리 시는 철학자 버클리의 이름을 따서 지었다. (   )

④ 버클리는 타르 액이 건강에 좋다고 생각했다. (   )

버클리는 1710년에 사제, 곧 신부가 되었다. 그는 그해에, 그러니까 25세에 《인간 지식의 원리론 Treatise Concerning the Principles of Human Knowledge》을 쓰고 28세에는 《회의론자와 무신론자에 반대하여 하일러스와 필로누스가 나눈 세 가지 대화 Three Dialogues Between Hylas and

Philonous》(이하《세 가지 대화》, 우리나라에서는《하일라스와 필로누스가 나눈 대화 세 마당》이라는 제목으로 번역됐음)를 쓴다. 그의 저서들은 당시에 널리 읽혀졌지만 그의 주장에 동의하는 사람들은 별로 없었다. 그의 이론을 들어보면 그랬을 법도 하다고 생각할 것이다. 이 두 저서에 버클리가 밝힌 인식론의 주요 주장이 펼쳐진다.

특히《세 가지 대화》는 제목 그대로 대화체로 되어 있다. 철학에서 대화체는 플라톤 때부터 이어져온 유구한 전통을 지니고 있다. 플라톤의 저서는 대부분 대화체로 되어 있는데, 그 이유는 그가 글이라는 매체를 믿지 않았기 때문이다. 글은 대화와는 달리 생생함, 맥락, 의사소통의 가능성 등이 없다고 믿었기 때문이었다. 그러나 말은 뱉는 순간 없어지므로 글로 남길 수밖에 없는 까닭에, 글 중에서 가장 대화와 가까운 대화체로 저술한 것이다. 플라톤이 오늘날 사용되고 있는 녹음기, 캠코더, 인터넷 메신저, 웹페이지 등 다양한 미디어 도구들을 보면 뭐라고 말할지 궁금하다.

어쨌든 버클리도 생생함을 위해 대화체를 택한 것 같다.《세 가지 대화》에서 '하일러스'는 교육받은 상식인을 대표한다. 그리고 '필로누스'는 버클리 자신을 대변한다.

버클리는 신대륙의 이민자들과 원주민들에게 선교사 교육을 시키기 위해 버뮤다 섬(버뮤다 삼각지대로 유명한 곳)에 대학을 설립할 계획을 세웠다. 그는 1728년 결혼을 하고(그는 가톨릭 신부가 아니라 성공회 신부였다), 곧바로 아메리카로 건너가 로드아일랜드의 뉴포트에 정착했다. 그곳에서 3년 동안 머물렀던 버클리는 기금을 주기로 한 영국 정부가 약속을 지키지 않은 탓에 버뮤다 섬에는 가보지도 못하고 다시 영국으로 돌아오고 말았다. 그러나 미국에는 그의 흔적이 곳곳에 남아 있다. 그는 자신의 책과 부동산을 예일 대학에 기증했는데 그때 예일 대학은 학생 수가 30~40명에 불과한 시골 신학교였다. 그는 또 컬럼비아 대학의 설립에도 영향을 끼쳤고, 펜실베이니아 대학은 그의 이름을 기려 신학대학원을 버클리 신학대학원이라 부른다.

미국에는 그의 이름을 딴 마을도 몇 군데 있는데 캘리포니아 대학이 있는 버클리가 가장 유명한 곳이다. 버클리 시의 관광객 가이드에는 다음과 같은 소개가 나와 있다.

> 1866년 5월의 전형적인 맑은 날에, 캘리포니아 대학 이사들이 만이 내려다보이는 언덕에 모였다. 언덕 아래에는 바다를 낀 개발 안 된 마을이 있었고, 그 주위에는 언젠가 캘리포니아 대학이 될 20만 에이커의 빈터가 있었다.
> "제국은 서쪽으로 진로를 정한다."
> 이사 중 한 명이 조지 버클리 주교의 시를 읊었다. 이사들은 이 시에 감동을 받아 이곳에 훌륭한 주교의 이름을 붙이는 것에 동의했다. 버클리는 처음부터 배움을 북돋우는 즐거움, 호기심, 탐구 정신을 갖춘 대학 도시였다.

한편 버클리는 미국에서 "기독교는 흑인 노예 제도를 옹호하며 노예들은 세례를 받아야 더 나은 노예가 될 수 있다"라는 설교를 하고 다녔다고 한다. 그리고 실제로 노예를 몇 명 소유하고 세례를 줬다고 한다. 시대적 한계이긴 하지만 정치적으로 올바른 사람은 아니었던 것 같다.

아일랜드로 돌아온 버클리는 주교가 되었다. 버클리라는 이름을 가진 유명 인사가 많아서 철학자 버클리는 보통 '버클리 주교'로 불린다. 그는 주교 철학자로서는 성 아우구스티누스Aurelius Augustinus, 354~430와 함께 가장 유명하다. 그는 이때부터 철학 연구보다는 타르 액이 건강에 좋다는 홍보를 하는 데 열과 성을 다했다. 때문에 당시 영국 사회에서는 타르 액 마시기가 유행했다. 아스팔트 깔 때 쓰고 담배에 듬뿍 들어 있는 타르를 마시다니……. 그러므로 이 퀴즈의 답은 모두 ○이다.

확실한 지식을 찾아내려면

뿌리 깊은 지식

플라톤이 우리가 어떨 때 안다고 말할 수 있다고 했는지 기억하는가?

"너 그거 어떻게 알았니?"
"그냥요."

플라톤에 따르면 이렇게 아는 것은 아는 것이 아니다. 물론 겸손해서 또는 표현을 할 줄 몰라서 그냥 안다고 말할 수도 있을 것이다. 하지만 우리가 믿고 있는 것 중에 우연히 참으로 밝혀진 것은 안다고 말할 수 없는 것이다. 어떤 믿음을 참이라고 믿을 충분한 이유가 있을 때에만 지식으로 인정된다.

데카르트도 이 생각을 이어간다. 그리고 플라톤보다 좀더, 아니 훨씬 더 나간다. 그냥 아는 것은 아는 것이 아니다. 참이라고 믿을 충분한 이유가 있다고 해도 안 된다. 확실한 이유가 있어야 한다. 데카르트는 확실하지 않다면 안다고 말할 수 없다고 생각했다. 곧 확실성이 지식의 조건인 것이다. 충분한 이유가 있다는 것이나 확실하다는 것이나 그게 그거라고 할 수도 있겠지만 다음에서 어떻게 다른지 살펴보자.

데카르트가 인식론을 펼친 저서는 1641년에 쓴 《성찰 Meditationes》이다. 보통 《성찰》이라고 하지만 진짜 제목은 '신의 존재와 인간의 영혼과 육체의 구별이 증명되는 제1철학에 대한 성찰Meditationes de prima philosophia, in quibus Dei existentia et animae humanae immortalitas demonstrantur' 이다. 제목만 봐도 이 책에서 무슨 말을 하려고 하는지 알 수 있을 정도로 어마어마하게 길다. 그는 이 책에서 첫째는 신의 존재를, 둘째는 인간의 영혼과 육체가 구분된다는 것을 증명하려고 했다. 근세 철학의 아버지라고 하지만 여전히 신에게서 벗어나지 못하고 있음을 알 수 있는 부분이다.

제목에 나오는 '제1철학'은 무엇일까? 오늘날에는 철학이라고 하면 대학교의 철학과에서 가르치는 것만 철학이라고 생각한다. 하지만 고대 그리스에서는 학문이 곧 철학이었다. 데카르트에서도 아직 철학은 모든 학문을 뜻하고 그중 제1철학이 오늘날의 철학에 해당한다. 데카르트는 이 책 말고도 《방법서설Discours de la méthode》(1637), 《철학의 원리^{Principia philosophiae}》(1644), 《영혼의 정념에 관하여^{Les Passions de l'âme}》(1649) 등을 썼다.

데카르트는 《철학의 원리》의 프랑스어판 서문에서 철학, 그러니까 오늘날 학문의 체계에 대해 다음과 같이 말했다.

> 철학은 한 그루의 나무와 같다. 그 나무의 뿌리는 형이상학이고 줄기는 자연학(과학)이다. 줄기에서 뻗어 나온 가지들이 다른 학문들인데 그중 가장 중요한 것은 의학, 역학(물리학, 공학), 윤리학이다.

여기서 철학은 오늘날의 학문을 뜻하고 형이상학은 제1철학, 곧 오늘날의 철학을 뜻한다. 학문이라는 한 그루의 나무가 있다면 그 나무에서 열리는 열매들이 우리의 삶을 풍족하게 해주는 지식들이다. 지식이라는 열매는 수많은 가지들에서 열릴 텐데 가지들이 수많은 학문들에 해당한다. 수많은 학문 가지들이 붙어 있는 줄기는 오늘날의 과학에 해당한다. 그리고 그 줄기를 지탱해주는 뿌리가 곧 철학이다. 철학이라는 뿌리가 튼튼해야 모든 학문들이 풍성하게 결실을 맺을 수 있다.

《용비어천가》에 '뿌리 깊은 나무는 바람에 흔들리지 않는다'라는 구절이 있다. 뿌리도 튼튼해야 하지만 그 뿌리는 깊이 그리고 단단하게 박혀 있어야 한다. 데카르트가 지식은 확실해야 한다고 말하는 것은 바로 이 때문이다. 어떤 의심에 의해서도 흔들리지 않는 지식이라야 굳건하게 서 있을 수 있다.

'뿌리 깊은 지식은 의심에 흔들리지 않는다.'

데카르트가 살던 당시는 새로운 지식이 쏟아져 나오는 르네상스 시기로 새로운 문명이 꽃피고 새로운 과학적 지식들이 발견되고 새로운 대륙에서 못 보던 것들이 들어왔다. 지식의 홍수 속에서 지금까지 알던 지식과 어긋나는 지식도 늘어나고, 지식이 늘어날수록 의심도 늘어나게 되었다. 그런 와중에서 데카르트는 어떤 의심에도 흔들리지 않는 확고부동한 지식을 찾아야겠다는 생각을 한 듯하다.

그러고 보니 무릇 철학의 역사에서 새로운 지식들이 넘쳐날 때 인식론이 꽃을 피웠다. 변론가들이 지식 장사를 할 때, 플라톤이 나서서 지식은 단순한 참된 믿음과 다른 것이라고 규정했다. 근세의 새로운 문명에서 데카르트는 확실한 지식을 찾으러 나섰다.

그렇다면 지금은 어떤가? 그 어느 때보다도 많고 새로운 형태의 지식이 쏟아져 나오지 않는가? 인터넷에만 접속하면 각종 지식들을 쉽고 빠르게 볼 수 있고 다운로드 받을 수 있다. 문서화된 지식만이 아니다. 음성이나 동영상 같은 멀티미디어 형태의 지식과 실시간으로 이루어지는 채팅으로 얻는 지식은 플라톤이나 데카르트가 알면 뒤로 자빠질 만한 것들이다.

《뉴스위크 Newsweek》지는 "우리 시대를 규정하는 가장 큰 경향은
지식의 급격한 확산이다"라고 말하고 2006년의 화두는 지식이
라고 선언했다. 이런 지식의 시대에 지식 그 자체에 대해 반성하

◆◆
데카르트는 어떤 의심에도 흔들리지 않는 확고부동한 지식을 찾으려고 했다.

는 인식론이 다시 일어나야 하지 않을까? 가장 중요한 인식론자인 플라톤과 데카르트 그리고 버클리를 공부하는 것은 이 지식의 시대에 아주 바람직한 일이라고 할 수 있겠다.

의심하고 또 의심하라

다음 중 어떤 지식이 확실한 지식인지 생각해보자.

　　① 내 앞에 컴퓨터가 있다.
　　② 이순신 장군은 조선시대 사람이다.
　　③ 정상 조건에서 물은 100°C가 되면 끓는다.
　　④ 2 더하기 3은 5다.

　①은 나의 경험이다. 내 눈으로 본 것만큼 확실한 것이 있을까? 눈으로 보는 것만으로 부족하다면 손으로 만져보고 두드려봐서 내 앞에 컴퓨터가 있다는 것을 확신할 수 있을 것이다.
　②는 역사적 지식이다. 내가 그 당시를 살아보지는 않았지만 이순신 장군이 조선시대 사람이라는 것은 삼척동자도 아는 일이다. 역시 확실한 지식 아닌가?
　③은 과학적 지식이다. 그런데 이것은 확실치 않아 보인다. 물은 언제나 100°C에서 끓는 것은 아니다. 높은 산에서는 더 낮은

온도에서도 끓지 않는가? 그럴 줄 알고 ③에는 '정상 조건에서' 라는 단서 조항을 붙여놓았다. 1기압에서 순수한 물은 100°C가 되면 끓는다는 것은 확실한 것 같다.

마지막으로 ④를 부인할 사람은 아무도 없을 것이다. ④처럼 분명한 것이 어디 있겠는가?

①부터 ④ 모두 확실한 지식인 것 같다. 그렇다면 왜 이런 문제를 냈을까? 바로 데카르트는 이런 지식들도 확실하지 않다고 생각했기 때문이다. 이 모든 지식들이 의심 가능하다는 것이다. 어떻게 의심이 가능하다는 것일까?

데카르트는 천성이 의심이 많은 사람은 아니었다. 사사건건 모든 것을 의심하는 사람은 아니다. 그렇다면 왜 그토록 확실한 것들도 의심하는 것일까? 그것은 아무도 의심할 수 없는, 정말로 확실한 것을 찾기 위해서 의도적으로 의심해 보는 것이다. 그의 저서 《성찰》은 데카르트가 엿새 동안 성찰하는 방식으로 이루어져 있다. 첫째 날의 성찰은 '의심할 수 있는 것들에 관하여'라는 제목이 붙어 있는데 그는 이렇게 성찰을 시작한다.

나는 내가 어렸을 때부터 많은 거짓된 견해들을 참된 것인 양 받아들여왔고, 또 그런 원칙들에 근거해서 쌓아 올린 것이 매우 의심스럽다는 것을 여러 해 전에 깨달았다. 그래서 학문에서 어떤 확고부동한 것을 세우려고 한다면, 일생에 한 번은 지금까지 믿어왔던 모든 것을 철저하게 버리고 아주 기초부터 새롭게 시작해야 할 필요성을 느꼈다.

데카르트 이전까지는 스콜라 철학이 최고의 권위였다. 그런
시기에 모든 것을 의심해 '모든 것을 철저하게 버리'려는 철학을
제시한 데카르트는 서양 근세 철학의 아버지라고 불리기에 손색
이 없다.

데카르트는 지식의 체계를 전혀 의심의 여지가 없는 토대 위
에 올려놓으려고 한다. 그러기 위해서 의도적으로 모든 것을 의
심해보는 것이다. 더 이상 의심할 수 있는 것이 없을 때까지 의
심하고 또 의심한다. 참다운 인식의 출발점을 얻기 위한 방법으
로 의심을 하는 것이기 때문에 그의 의심을 방법적 회의라고 한
다. 회의懷疑한다는 것은 의심한다는 뜻이다. 그리고 모든 것을
믿지 못하고 의심하는 사람을 회의론자라고 한다. 그렇지만 모
든 것을 의심하는 데카르트가 회의론자가 아니라는 것은 금방
알 수 있을 것이다. 그는 아무도 의심할 수 없는 확실한 것을 찾
기 위해 방법적으로 의심하는 것일 뿐이다. 결국에는 그 확실한
것을 찾게 된다. 그러니 그를 회의론자라고 부르는 것은 엄청난
오해의 산물이다.

긍정적 의심

우리의 앎을 의심하는 사람을 회의론자라고 부른다. 정부가 하는 발표는 콩으로 메주를 쑨다고 해도 안 믿는 '정부 회의론자'도 있고 점쟁이의 주장은 미신이라고 믿지 않는 '점 회의론자'도 있지만, 철학에서의 회의론은 특정 영역의 앎에 한정된 것이 아니라 훨씬 포괄적인 것이다.

철학에서 회의론은 어떤 지식이 됐든 우리가 무엇인가를 안다는 것 자체를 부정하는 것이다. 우리는 산이 있다는 것도 알고 내 앞에 컴퓨터가 있다는 것도 알고 다른 사람들이 있다는 것도 알고 지구가 둥글다는 것도 안다. 그런데 이런 지식들을 부정하는 것이다.

회의론자 중에는 지식이란 아예 불가능하다고 극단적인 주장을 하는 사람도 있다. 그러나 그런 주장도 지식 중 하나이므로 자신의 주장도 맞는 말인지 틀린 말인지 알 수 없는 결과에 이르게 된다.

그래서 회의론을 주장하는 대부분의 철학자들은 이런 극단적인 입장보다는 조금 더 온건한 입장을 취한다. 그들은 우리의 지식이 가능할지도 모른다고 인정한다. 다만 그 지식들이 참이라는 것을 확신할 수 없다고 주장할 뿐이다. 우리의 지식이 틀렸다고 확실하게 말하지는 못하지만 참이라고도 확신하지 못한다는 것이다.

철학에서 회의론자들은 흔히 산·강·나무·다른 사람들 같은 외부 세계의 존재에 대한 지식에 대해 집중적으로 의심한다. 너무 당연한 상식이라고 생각했던 것조차 의심된다면 과학적인 지식은 더더욱 의심스럽기 때문이다. 이런 회의론을 외부 세계 회의론이라고 부른다(일반인들 중에는 과학의 지식을 믿지 않는 '과학 회의론자'도 있고, 현대의 철학자들 중에서는 전자나 DNA 같은 과학의 대상을 의심하는 회의론자도 있다).

내가 지금 내 앞에 컴퓨터가 있다고 아는 것은 너무도 당연한 상식으로 보인다. 하지만 그 지식이 맞는지 확신할 수 없다. 해·산·강·다른 사람들…… 모두 마찬가지다. 우리는 비록 방법적이긴 하지만 이처럼 확신하지 못하는 대표적인 예를 데카르트에서 살펴보고 있다.

확실한 것은 의심의 여지가 없는 것이다. 의심스러운 것은 확실한 것이 아니다. 이렇게 의심과 확실성은 반대되는 개념이다. 우리가 일상생활에서 확실하게 알고 있는 것은 많다. 내일 해가 뜬다는 것도 확실하고 63빌딩에서 뛰어내리면 죽는다는 것도 확실하다(63빌딩에서 뛰어내렸는데 안 죽은 사람도 있다. 1층에서 뛰어내린 경우!). 그러나 데카르트가 찾은 확실성은 이런 확실성이 아니다. 의심이 전혀 불가능한 확실성이다. 이런 점에서 데카르트의 확실성은 플라톤이 말한 충분한 이유보다 훨씬 더 강한 조건이다.

어쨌든 의심을 통해 확실성을 찾아간다는 발상이 재미있다.

우리가 당연하게 믿고 있는 모든 것을 의심해보고 더 이상 의심할 수 없는 것을 찾는 것이다. 이 의심은 파괴적이고 부정적인 의심이 아닌 건설적이고 긍정적인 의심이다. 의심이라는 삽으로 땅을 깊게 파고 단단하게 다져서 지식이라는 나무가 든든하고 안정적인 토대 위에 흔들리지 않게 서 있도록 하는 것이다.

올바르게 의심하는 방법

네가 느끼는 것을 의심하라

의심이 철학자들만의 전유물은 아니다. 일반인들도 의심을 하고 과학자들도 의심을 한다. 결혼이나 이사 같은 중요한 일을 앞두고 점을 보고 그 결과를 믿는 사람들이 여전히 있다. 그러나 이 방법을 의심하는 사람들은 훨씬 더 많다. 그리고 이 의심하는 사람들, 곧 점 회의론자들이 합리적임은 말할 것도 없다. 그런데 이 의심의 방법은 상식적이거나 과학적인 것이지 철학적인 것은 아니다. 점이 앞날을 올바르게 예측하지 못한다는 것은 경험으로도 알 수 있기 때문이다.

 서양의 중세에는 마녀 감별법이 있었다. 마녀로 지목된 여자가 마녀인지 아닌지 알아보기 위해 몸에 무거운 돌을 달아 물에 던졌다고 한다. 이때 물 위로 떠오르지 않으면 마녀가 아니고 떠오르면 마녀다. 마녀라면 화형을 당하니까 떠올랐다고 좋아할 것도 없다. 이 말도 안 되는 감별법을 의심하는 것도 철학적인 의심은 아니다. 몸에 무거운 돌을 달아 물에 던지면 누구나 죽는다는 것은 경험으로 알기 때문이다(서양의 중세 사람들은 그걸 몰랐단 말인가?).

철학적인 의심의 특징은 경험과 관련이 없다는 데 있다. 물론 경험과 전혀 상관없다는 말은 아니다. 경험의 문제를 다루면서도 우리가 실제로 경험하는 것에 국한해서 의심하지 않는다는 뜻이다. 데카르트가 의심하는 방법을 보면서 어떤 점이 철학적인지 느껴보자.

데카르트는 어떻게 해서 모든 것을 의심할까? 그가 쓰는 논증은 다음 세 가지다.

먼저 감각의 착각을 살펴보자. 우리는 감각을 통해 세계에 대해 안다. 그 감각들에는 보고(시각), 듣고(청각), 만지고(촉각), 냄새 맡고(후각), 맛보는(미각) 것이 있다. 이것들을 오감이라고 하는데 우리는 오감을 통해서 아는 것은 확실한 지식이라고 알고 있다. 내 눈으로 보고, 내 귀로 듣고, 내 손으로 만지고, 내 코로 냄새 맡고, 내 혀로 맛보는 것만큼 확실한 앎이 어디 있겠는가?

오감 이외에 여섯 번째 감각을 육감이라고 한다. 육감은 오감으로 알지 못하는 것을 알아내는 직감 같은 것을 말한다. 내 애인에게 다른 여자가 생긴 것 같다는 여자의 육감이 그런 예인데 이때 육감은 확실한 것이 아니다. 육감은 아무 근거 없이 왠지 그럴 것 같다는 추측이므로 틀릴 가능성이 매우 높기 때문이다 (《식스 센스The Sixth Sense》라는 영화가 있다. 육감이 영어로 식스 센스다. 죽은 사람을 보려면 육감이 필요할 것이다). 그에 비하면 다섯 가지 감각은 정말로 확실한 것 같다. 그런데 이 감각도 착각을 불러일으킬 때가 있다.

물이 든 유리컵 속에서는 젓가락이 반듯하게 보이지 않는다.

내 옷에 뿌린 향수 냄새를 나는 맡지 못한다.

어디서 휴대전화 벨소리가 들리는 것 같은데 사실은 울리지 않는다.

사탕을 먹고 귤을 먹으면 단맛을 느끼지 못한다.

양손을 각각 뜨거운 물과 차가운 물에 담갔다가 꺼낸 후 미지근한 물에 동시에 담그면 두 손의 온도가 다르게 느껴진다.

여기서는 몇 가지 사례만 들었지만 이런 경험은 드물지 않다.

다섯 가지 감각 중에서 가장 중요한 감각은 어떤 것일까? 다섯 손가락 중에 깨물어서 안 아픈 손가락이 없는 것과 같이 더 중요하고 덜 중요한 감각이란 없지만 보통은 시각에 의존하는 정도가 가장 크다. 몸이 100냥이면 눈은 90냥이라는 속담도 있지 않은가? 그런데 그렇게 중요한 시각이 착각하는 경우가 많아 문제다. 멀리 있는 사람이나 사물을 잘 알아보지 못하는 것이다. 반대로 아주 작은 것도 잘 보지 못한다. 뮐러-리어 도형Müller-Lyer figure

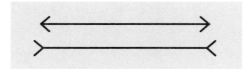

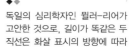

독일의 심리학자인 뮐러–리어가 고안한 것으로, 길이가 똑같은 두 직선은 화살 표시의 방향에 따라 길이가 달라 보인다.

◆◆
에스헤르는 주변의 사물을 보이는 대로 그리지 않고 기하학적 원리에 따른 상상을 반복과 대칭, 배열 등의 방식으로 패턴화하여 표현했다. 3차원적 구성을 2차원적으로 표현한 그의 이미지들은 비록 현실에서는 모순되고 불가능한 장면이더라도 보는 이로 하여금 합리적이라는 느낌이 들게 해 공간의 착시를 불러일으킨다. 흔히 '에셔'라고 하는데 이는 '에스헤르'의 영어식 발음이다.

이나 네덜란드의 화가 에스헤르^{Maurits C. Escher, 1898~1972}의 그림처럼 착시를 이용한 것들도 많이 있다. 또 유홍준의 《나의 문화유산답사기》가 베스트셀러가 된 이후 '아는 만큼 보인다'라는 말이 널리 알려지게 되었다. 똑같은 것을 봐도 선행 지식이 얼마나 있느냐에 따라 다르게 보인다. 감각은 세상을 있는 그대로 보여준다고 하지만 이래저래 실상은 그렇지 않다. 가장 믿을 만하고 확실한 감각마저도 우리를 속일 수 있는 것이다. 그래서 데카르트는 《성찰》에서 다음과 같이 말했다.

내가 지금까지 아주 확실하다고 받아들였던 것들은 감각으로 부터 또는 감각을 통해서 얻은 것들이다. 그런데 나는 감각이 때때로 우리를 속인다는 것을 알게 되었다. 우리를 한 번이라 도 속인 것은 완전히 믿지 않는 것이 현명하다.

꿈인지 생시인지 구분하라

러시아의 시인 푸시킨[Aleksandr S. Pushkin, 1799~1837]은 "삶이 우리를 속 일지라도 노여워하거나 슬퍼하지 말라"고 했지만, 감각이 우리를 속여도 역시 노여워하거나 슬퍼할 필요는 없다. 모든 감각이 우 리를 속이는 것 같지는 않기 때문이다. 데카르트도 "감각이 때때 로 우리를 속인다"라고 했지 모두 의심스러운 것이라고 말하지는 않았다. 비록 우리의 감각이 착각을 하는 경우가 가끔 있기는 하 지만 도대체 의심을 하려 해도 할 수 없는 확실한 경우가 있다.

나는 지금 책상 앞에 앉아 컴퓨터 자판을 두드리며 글을 쓰고 있다. 내가 지금 책상에 앉아 있다는 사실과 내 앞에 컴퓨터가 있다는 사실을 어떻게 의심할 수 있을까? 책상과 컴퓨터를 눈으 로 보고 있고 손으로 만지고 있고 소리도 듣고 있는데(그래도 의 심스러우면 맛도 보고 냄새도 맡아볼 수 있는데) 그런 감각마저도 착 각일 수 있을까? 더 나아가 내가 지금 미국이 아닌 한국에 있다 는 것도 의심할 수 없는 사실이다. 데카르트의 표현을 빌리자면

"정신이상자나 그런 것을 의심할 수 있다."

그런데 우리의 데카르트는 정신이상자가 되기를 자처한다. 그 명백한 것을 의심해보는 것이다. 어떻게? 바로 우리가 꿈꾸고 있는 것이라고 생각해볼 수 있다는 것이다. 지금 나는 책상 앞에 앉아 있다. 내 눈에는 책상 위에 컴퓨터가 있는 것이 보인다. 나는 컴퓨터 자판을 두드린다. 자판 두드리는 소리가 귀에 들린다. 그래서 나는 컴퓨터 앞에 앉아 글을 쓰고 있다고 생각한다. 그러나 사실 나는 꿈속에서 컴퓨터 앞에 앉아 글을 쓰고 있는 것일 수도 있다.

모든 것을 의심하는 데카르트의 두 번째 논증인 꿈 논증의 요지는 다음 두 가지를 구분할 수 없다는 것이다.

① 나는 컴퓨터 앞에 앉아 글을 쓰고 있다.(그런데 현실에서)
② 나는 컴퓨터 앞에 앉아 글을 쓰고 있다.(그런데 꿈속에서)

나는 ①에 대해 어떤 의심도 하지 않는다. ②라고 해서 다르지 않다. 꿈속에서도 지금 이것이 꿈이라는 것을 의심하지 않기 때문이다. 내가 컴퓨터 앞에 앉아 글을 쓰고 있는 꿈을 꿀 때 그것을 의심해본 적이 있는가? 꿈과 현실을 구분할 방법이 있는가? 데카르트는 《성찰》에서 이렇게 말한다.

이런 점을 곰곰이 생각해보면, 깨어 있는 것과 꿈을 꾸고 있는 것을 구별해줄 수 있는 어떤 징표도 없다는 사실을 알게 된다. 나는 이런 사실에 소스라치게 놀라게 되고, 그 놀라움이 너무 커서 내가 지금 여기 깨어 있다고 생각하지만 사실은 꿈꾸고 있는 것은 아닌가 생각할 정도다.

〈매트릭스〉는 아주 철학적인 영화로 꼽힌다. '매트릭스와 철학'과 같은 제목의 책은 이미 여러 권 나와 있다. DVD 판(〈얼티 미트 매트릭스 컬렉션〉은 무려 10개의 디스크가 들어 있다)에 보너스로 들어 있는 서플러먼트에는 평론가들과 철학자들의 음성 해설이 담겨 있는데, 평론가들은 혹평을 하고 철학자들은 열렬한 지지를 보낸다(그 철학자 중 한 명은 〈매트릭스〉 2편과 3편에 카메오로 출연도 했다).

비록 〈매트릭스〉가 매우 다양한 철학적 주제들을 담고 있지만, 적어도 데카르트의 인식론과 관련해서는 〈토탈 리콜〉보다는 한 수 아래다. 〈토탈 리콜〉이 B급 영화 같아 보여서 그렇지, 데카르트가 하고자 하는 말을 훨씬 더 잘 표현하고 있다.

〈매트릭스〉에서 네오는 새우처럼 생긴 벌레가 배꼽에 들어가는 순간 잠에서 깨어난다. 그때 모피어스는 이렇게 말한다.

"실제 세계에 온 것을 환영하네."

그리고 그는 20년 이상 살아온 네오의 인생이 꿈에 불과하다는 이야기를 들려준다. 그러나 그 말을 듣고 있는 세계는 네오에게 더 이상 꿈이 아니다. 그 오랜 세월이 컴퓨터에 의해 만들어진 꿈이었다는 사실이 황당하긴 하지만 지금 세계는 엄연한 현실인 것이다. 〈매트릭스〉는 적어도 관찰자 입장에서는 꿈과 현실이 분명히 구분된다.

그러나 〈토탈 리콜〉은 그마저도 구분이 안 된다. 이 영화는 퀘이드의 삶과 하우저의 삶으로 나뉘어 있다(지금은 미국 캘리포니아 주지사가 된 아놀드 슈워제네거는 이 영화에서 퀘이드와 하우저 두 역을 모두 맡는다). 퀘이드는 채석장의 노동자고 하우저는 화성에서 악당들과 싸우는 비밀 요원이다. 퀘이드는 화성 여행의 기억을 심어주는 리콜사에서 자신이 실제로는 하우저라는 비밀 요원인데 지금 살아가고 있는 인생은 뇌에 심어진 메모리 칩으로 만들어진 가짜라는 이야기를 듣게 된다. 심지어 부인마저 가짜라는 것이다(퀘이드의 부인은 1992년에 나온 영화 〈원초적 본능Basic Instinct〉으로 뜨기 직전의 샤론 스톤이다).

이쯤 되면 하우저의 삶이 진짜고 퀘이드의 삶이 꿈이라고 생각되지만, 후반부에 나오는 하우저의 활약상이 리콜사가 심어준 여행 기억으로 해석되기도 한다. 관객은 영화가 끝나도 어느 쪽 삶이 진짜이고 어느 쪽 삶이 꿈인지 종잡을 수 없다. 이게 바로 데카르트가 하려고 한 이야기가 아닐까? 우리는 지금 이 순간이 꿈인지 현실인지 분간할 수 없다. 말도 안 되는 소리이며 꿈과 현실은 구분 가능하다고 생각하는 사람들이 있을지 모르겠다. 잠시 책을 덮고 꿈과 현실은 어떤 점에서 다른지 생각해보자.

• **현실은 꿈보다 생생하다** 꿈속에서 보는 세상은 몽롱하고 흐릿 하다. 그러나 현실 못지않게 생생한 꿈도 많다. 너무 현실 같아서 깨어난 다음에야 꿈이었다는 것을 깨닫는다. 그리고 현실에서도 술이나 약에 취했을 때는 세상이 몽롱하고 흐릿하게 보인다.

• **꿈은 현실보다 비현실적이다** 꿈속에서는 대통령이 되기도 한다. 아기 코끼리가 춤을 추고 크레파스 병정들이 나뭇잎을 타고 놀기도 한다. 가끔 운이 좋으면 멋진 이성과 데이트도 한다. 그러나 꿈이라고 해서 꼭 드라마틱한 일만 일어나는 것은 아니다. 그런 일만 기억에 남는 것이다. 꿈속에서도 텔레비전을 보고 밥을 먹고 학교에 가거나 직장에 출근하는 시시한 일이 흔히 일어난다.

• **꿈은 흑백이다** 총천연색 꿈을 꾸는 사람도 많다.

• **꿈은 짧다** 현실은 며칠씩 연속해서 일어난다. 아니 우리들이 살아온 인생만큼 연속해서 진행되고 있는 것이다. 그러나 꿈은? 고작해야 몇 분짜리 아닐까? 며칠씩 진행되는 꿈을 꾸는 사람이 있을까? 김만중金萬重, 1637~1692의 《구운몽九雲夢》에 나오는 성진은 하룻밤 꿈속에서 여덟 선녀를 거느리고 온갖 부귀영화를 누리며 한평생을 살았다. 하지만 이것은 소설 속의 이야기일 뿐이다. 실제로는 이렇게 긴 꿈을 꾸는 경우는 없을 것이다.

그러나 나는 오늘 아침 잠자리에서 일어났을 때 꿈에서 깨어났지만 사실은 아직도 꿈속에 있는 것인지도 모른다. 꿈속에서 깨어났지만 여전히 꿈을 꾸고 있던 〈매트릭스〉의 네오처럼 말이다. 말도 안 되는 소리 하지 말라고? 내가 아침에 꿈에서 깨어난 것은 분명하다고? 좋다. 꿈에서 깨어난 것은 맞는다고 해보자. 그렇지만 지금 이것이 또 다른 꿈이 아니라고 확신할 수 있는가? 아까 꿈에서 깨어난 것은 꿈속의 꿈에서 깨어난 것뿐이고 지금도 여전히 꿈속에 있는 것이 아니라는 것을 어떻게 확신할 수 있는가?

꿈과 현실을 구분할 수 있는 무슨 방법이든 제시해보라. 꿈인지 생시인지 알기 위해서 가장 잘 쓰는 방법은 자신의 몸을 꼬집어보는 것이다. 꼬집어서 아프면 생시일 테니까. 그러나 그 깨어난 생시도 여전히 꿈이라면? 데카르트는 그것도 여전히 꿈이 아니라고 확신할 수 없다고 말하는 것이다. 〈매트릭스〉는 그걸 보여준 것이다.

꿈 논증이 하고자 하는 말은 우리 인생이 모두 꿈에 불과하다는 것은 아니다. 세상이 온통 꿈이라면? 그러면 꿈이라는 말도 쓸모가 없게 된다. 꿈은 현실이 있기 때문에 생긴 말이다. 현실이 없다면 꿈이란 말이 왜 필요하겠는가? 이는 영국의 철학자 라일Gilbert Ryle, 1900~1976의 말이다. 위조지폐가 의미가 있으려면 진짜 돈이 있어야 한다. 세상에 진짜 돈은 하나도 없고 위조지폐만 있을 수 있겠는가? 마찬가지로 현실 없는 꿈은 아무 의미가 없다. 데카르트의 꿈 논증은 우리 현실이 꿈에 불과하다는 것이 아니라, 꿈이 아니라고 확신할 수 없다는 것이다.

지금 무슨 말을 하는지 잘 모르겠다고? 그렇다면 앞으로 돌아가서 데카르트가 지식에 대해 어떻게 생각하는지 들춰보자. 그는 어떤 의심도 할 수 없는 확실한 앎을 찾고 있다. 지금 이 순간이 꿈이 아니라는 것을 어떤 의심도 없이 확신할 수 있는가? 지금 우리는 많은 것을 보고 듣고 그래서 안다고 생각하지만 그 앎이 꿈속에서 아는 것이 아니라고 확실하게 말할 수 있는가? 그럴 수 없다는 것이 데카르트의 주장이다.

내 앞에 컴퓨터가 있다. 이건 의심의 여지가 없는 것 같다. 그러나 이 현실을 꿈과 구별할 수 없다면? 만약 내가 현실이라고 생각한 지금 이 순간이 꿈이라면? 그 컴퓨터는 사실 없는 것이다. 이런 식으로 보자면 컴퓨터만 없는 것이 아니다. 책상도 없고 집도 없고 사람들도 없는 것이다. 세상은 없는 것이다!

그러나 데카르트의 의도는 '세상은 사실 없다'고 주장하려는 것에 있는 것이 아니다. 다만 '세상이 있다는 것을 안다고 확실하게 말할 수 없다'는 것에 있다. 세상이 없다는 말이나, 세상이 있다는 것을 확실히 알 수 없다는 말이나, 그 말이 그 말 같지만 데카르트가 말하려는 것은 적어도 확실하게 알 수 없다는 것이다.

듣고 보니 데카르트의 말이 맞는 것 같다. 우리가 현실에서 아는 것 중에 그렇게 확실한 것은 없을 것 같다. 그래도 데카르트가 여전히 마음에 들지 않는다. 세상에 그렇게 확실한 것만을 지식이라고 인정한다면 살아남는 지식이 얼마나 될까? 지키기 힘든 기준을 정해놓고 지키지 못한다고 다 잘라버리는 것은 아닐까? 논리학 시간에 은밀한 재정의의 오류* 라는 것을 배웠는데 이게 그런 것은 아닐까? 왜 지식이란 말을 자기 맘대로 쓰지?

이런 생각이 든다면 데카르트에게서 지식 또는 앎이라는 말을 지워버리는 것도 한 가지 방법이다. 즉 외부 세계가 있는지 없는지 알 수 없다고 말하지 말고 외부세계가 있는지 없는지 확신할 수 없다고만 말하는 것이다. 사실 데카르트는 그래도 상관없다. 그의 목표는 어떤 의심도 받지 않는 확실한 토대를 찾는 것이지 우리는 아무것도 알 수 없다는 것이 아니기 때문이다. 그러나 데카르트의 의도와 달리 그의 문제 제기는 회의론의 길을 열어주는 꼴이 돼버렸다. 그건 나중에 이야기하자.

◆◆ 은밀한 재정의 오류

낱말에 새로운 정의를 하는 것은 문제될 것 없다. 그러나 세상 사람들이 별로 동의하지 않는 정의를 하고 그 정의를 강요하는 경우를 은밀한 재정의의 오류라고 한다. "술도 못 마시는 게 남자야?"와 같은 경우가 그 대표적인 예다. 남자는 술을 마실 줄 아는 사람이라고 제멋대로 정의하는 것이다.

악마의 장난을 조심하라

이제 가장 강력한 형태의 의심이 등장한다. 꿈 논증과는 비교도 안 되는 슈퍼울트라급 의심이다.

꿈 논증으로도 의심되지 않는 것이 있다. 그게 뭘까? 감각이 착각하여 의심하는 경우나 꿈과 현실이 구분되지 않아 의심하는 경우 모두 경험한 것을 의심한다. 감각이 보고 듣고 만지고 냄새 맡고 맛을 본 것을 의심하며, 현실에서 경험한 것과 꿈속에서 경험한 것이 구분되지 않는다고 의심한다. 그런데 우리가 모두 경험에 의해서만 아는 것은 아니다.

예를 들어 2 더하기 3이 5라는 사실이나 사각형은 변이 4개라는 사실은 경험에 의해 아는 것이 아니다. 감각이 동원되지 않는, 오직 머릿속에서만 처리되는 지식이다(철학자들은 이런 지식을 '선험적 지식'이라고 부르고, 경험에 의해 아는 지식은 '경험적 지식'이라고 부른다).

이런 수학적 지식들은 감각의 대상이 아니므로 착각할 수도 없다. 사각형의 변이 5개라고 착각할 수 있다고? 사각형의 변이 4개라는 지식은 사각형을 관찰하고서 아는 것이 아니라 사각형이라는 말을 듣고 머릿속에서 아는 것이다. 또 이런 지식들은 꿈속이라고 해서 사실이 아닌 것은 아니다. 데카르트는 《성찰》에서 이렇게 말한다.

자연학·천문학·의학 그리고 복합적인 대상들을 대상으로 하는 학문은 의심스러운 것인 반면에, 대수학·기하학 그리고 아주 단순하고 일반적인 대상들만 다루고 그 대상들이 자연 안에 있든 없든 문제되지 않는 학문들은 확실하고 의심할 수 없는 어떤 것들을 지니고 있다.

왜냐하면 내가 깨어 있든 잠들어 있든 2 더하기 3은 5이며, 사각형은 네 변밖에 없으므로, 이렇게 분명한 진리들이 거짓이거나 불확실하다고 의심할 수 없기 때문이다.

수학의 지식들은 꿈에서도 의심할 수 있는 것이 아니다. 이제 무엇에 의해서도 의심받지 않는, 절대적으로 확실한 지식을 찾은 것 같다. 바로 수학의 지식들이다.

그런데 이렇게 확실한 지식도 의심할 수 있을까? 의심할 수 없을 때까지 의심해보자는 데카르트의 결심은 여기서도 적용된다. 만약에, 만약에 말이다. 전지전능한(모르는 것이 없고 못 하는 것이 없는) 신이 있어서 나를 속인다고 하면 어떻게 될까? 2 더하기 3은 사실은 4인데 내가 2 더하기 3을 계산할 때마다 5가 답이라고 나를 속이는 것이다. 나만 속이는 것이 아니라 세상 모든 사람들이 2 더하기 3을 계산할 때마다 5가 답이라고 그들을 속인다면?

이것은 말도 안 된다고 말하는 사람들이 있을 것이다. 다음 두 종류의 사람들이다.

Q. 신이 어떻게 우리를 속일 수 있는가? 신은 착하신 분인데…….

A. 그렇다면 우리를 속이는 존재를 신에서 악마라고 바꾸면 됩니다. 신과 악마는 전지전능하다는 점에서는 똑같습니다. 그러나 신은 전지전능할 뿐만 아니라 선하기도 하죠. 절대 우리를 속일 분이 아닙니다. 악마는 전지전능하지만 착하지는 않죠. 착하면 그게 악마겠습니까? 데카르트는 악마를 끌어들이면서 '사악한 악마'라는 말을 반복해서 하는데 도대체 사악하지 않은 악마도 있을까요? '사악하다'라는 형용사는 빼도 됩니다. 이제 아주 확실하다고 생각한 지식마저도 사실은 전지전능한 악마가 우리를 속인 것이라고 의심해볼 수 있습니다.

Q. 보자 보자 하니 너무한다! 멀쩡한 사람들에게 사실은 착각하고 있는 거라느니, 사실은 꿈을 꾸고 있는 거라느니 하는 말을 하더니, 이제는 악마에게 속고 있다고? 이걸 믿으라는 말인가?

A. 흥분하지 말고 데카르트의 말을 잘 들어보세요. 물론 데카르트가 그렇게 믿고 있는 것은 아닙니다. 지금도 그런 사람들이 많지만 데카르트 시대만 해도 대부분이 우리가 전지전능한 신의 지배를 받고 있다고 생각했습니다. 신의 지배를 받는다는 것이 가능하다면 악마의 지배를 받는다는 것도 전혀 터무니없는 생각은 아닐 것 같습니다. 그렇게 믿는 것은 아니지만 그렇게 생각해볼 수는 있는 것 아닐까요? 생각도 못 하나요? 돈 드는 것도 아닌데! 데카르트는 조그마한 의심이라도 가능하다면 그것은 확실한 지식이 아니라고 했습니다. 악마에게 속고 있다는 생각이 가능하다면 그것은 곧 의심할 수 있다는 뜻이고, 그렇다면 그것은 확실한 지식이 아니라는 것입니다.

영어에 '의심 많은 토머스doubting Thomas'라는 관용구가 있다. 예수의 제자 중 한 명인 토마Thomas가 예수가 부활한 것을 의심해 내 눈으로 보기 전에는 믿지 않겠다고 한 데서 나온 말이다. 그래서 예수는 "나를 보지 않고도 믿는 사람은 행복하다"라는 말까지 했다. 그런데 데카르트는 보고서도 못 믿겠다고 의심하니 얼마나 불행할까? 진짜로 의심 많은 사람은 토마가 아니라 데카르트다.

정말로 우리가 항상 악마에게 속고 있다면 어떨까? 말도 안 되는 소리가 아니라 정말로 그렇다면 어떤 기분이 들까? 악마는 2 더하기 3이 5라는 것만 속인 것이 아니다. 사실은 내 앞에 컴퓨터가 없는데 있는 것처럼 속인다. 나는 사실은 미국에 있는데 한국에 있는 것처럼 속인다. 나는 사실은 화성의 비밀 요원인데 한국의 평범한 학생인 것처럼 속인다. 사실 세상이란 없는 것인데 있는 것처럼 속인다. 만일 이것이 사실이라면 어떨까? 아마 다양한 반응들이 나올 것이다. 이 반응들을 정리하면 다음쪽의 표 같은 것을 만들 수 있을 것이다. 여러분은 어떤 유형인가? 전지전능한 악마 앞에서 여러분의 성격이 드러난다.

여러 번 말한 것처럼 데카르트는 우리가 정말로 악마에게 속는다고 믿는 것은 아니다. 악마에게 속는 것이 아니라는 것을 확신할 수 없다는 것뿐이다. 그러니 걱정 붙들어 매시라.

앞에서 〈매트릭스〉보다는 〈토탈 리콜〉이 데카르트의 인식론을 훨씬 더 잘 표현하고 있다고 말했다. 실망할 〈매트릭스〉 팬들을

희망사항형
그래도 악마에게 속는 것이 아닐 거라고 믿어본다.

소심형
무서워서 벌벌 떤다. 집단적인 패닉 증상으로 이어진다.

매사조심형
속지 않으려고 정신을 바짝 차린다. 조금이라도 속일 틈을 주면 안 된다고 두 눈을 부릅뜨고 있다. 그러다가 신경과민에 걸린다.

현실안주형
속고 있는 것이 더 낫다고 생각한다. 지금 살아가는 인생이 얼마나 즐거운데 속지 않으려고 바둥거리니? 당신 꿈속에서 멋진 이성이랑 데이트하고 있으면 깨고 싶어? 속임수여도 좋아.

현실도피형
그거 잘됐다고 생각한다. 지금 카드 빚에 시달리고 있는데 사실은 속고 있는 거라면 얼마나 좋은가?

태만형
'그럼 어때?'라고 생각한다. 악마가 항상 우리를 속인다고 해서 내 삶에서 바뀌는 것은 하나도 없다. 사실은 아닐지 모르지만, 여전히 2 더하기 3은 5이고 내 앞에 컴퓨터가 있고 나는 한국에 있다고 생각한들 무엇이 문제인가?

위해 말하자면 적어도 악마의 가설은 〈매트릭스〉가 더 잘 표현한다고 볼 수 있다. 〈매트릭스〉나 〈토탈 리콜〉이나 영화 속에 전지전능한 악마가 나오지는 않는다. 바로 컴퓨터가 그 악마의 역할을 대신한다.

〈매트릭스〉나 〈토탈 리콜〉은 미래의 모습을 그린 SF 영화다. 전지전능한 악마에게 속는다는 것이 말도 안 된다고 생각하는 사람일지라도 미래에 컴퓨터가 우리를 속이는 것은 가능하다고 인정할 것 같다. 인정 못 한다고? 컴퓨터가 아무리 발전해도 전지전능한 악마처럼 우리를 속이는 일은 일어날 수 없다고? 그것은 그렇게 믿으라고 악마가 당신을 속이고 있기 때문이다. 오싹하지?

〈매트릭스〉에서 꿈에서 깨어난 네오는 모피어스에게서 놀라운 이야기를 듣는다. 때는 2199년, 인공 지능에 의해 지배되고 있는 세상이다. 인간들은 태어나자마자 커다란 탱크 속에 둥둥 떠서 인공지능의 생명 연장을 위한 에너지원으로 이용된다. 그리고 슈퍼컴퓨터(현대판 전지전능한 악마)는 인간의 뇌에 자극을 주어 시뮬레이션된 현실을 입력한다. 그 입력된 내용이 1999년의 일상인데, 그건 알고 보면 가상현실, 곧 매트릭스인 것이다. 네오가 지난 20여 년 이상 살아온 세상은 매트릭스 속의 세상일 뿐이고 컴퓨터가 조작해낸 가상현실일 뿐이다. 게임 〈리니지〉가 만들어낸 세상이 가상의 세상인 것처럼, 네오가 살아온 세상도 가상의 세상일 뿐이다.

〈토탈 리콜〉도 마찬가지다. 퀘이드의 삶은 하우저의 뇌에 심어진 메모리 칩으로 만들어진 가짜다. 또는 하우저의 삶은 퀘이드에게 심어진 여행 기억 속의 가상현실이라고 해석할 수도 있다.

몰래 카메라에 완벽하게 속았다고 해도 우리는 현실과 만나고 있다. 그러나 매트릭스의 세계는 모든 것이 컴퓨터에 의해 만들어진 조작된 세계일 뿐이다. 내가 사과 껍질을 만질 때 느끼는 반질반질함도, 사과를 한입 깨물었을 때 전해 오는 상큼함도, 내가 만나는 사람들도, 그들과 나누는 이야기도 모두 컴퓨터가 만들어낸 조작이다. 내가 사는 마을도, 들과 산과 강도 모두 다 그렇다. 내가 경험한 모든 것, 내가 믿고 있는 모든 것이 다 조작이다. 내가 알고 있는 모든 것이 다 가짜다.

〈토탈 리콜〉에서는 그래도 하우저 또는 퀘이드만 속은 것이다. 그러나 〈매트릭스〉에서는 매트릭스 밖에 있는 소수의 사람들을 제외하고는 거의 대부분이 집단 사기극에 빠져 있다. 그 점에서 〈매트릭스〉가 악마의 가설을 더 잘 표현하고 있다.

매트릭스가 만들어지는 모습을 상상해보자. 커다란 탱크 속에 사람들이 둥둥 떠 있다. 사람들의 뇌는 슈퍼컴퓨터와 전선으로 연결되어 있다. 슈퍼컴퓨터는 뇌에 끊임없이 자극을 보내 사람들로 하여금 1999년의 일상생활을 누리고 있다고 믿게 만든다. 내가 친구와 이야기를 주고받는다고 하자. 나는 내 목에서 소리가 울려 입을 통해 음성이 나오고 이 음성은 친구의 귀로 전달된다고 믿고 있다. 그러나 입에서 귀로 전달되는 것은 아무것도 없다. 사실 귀나 입도 없다. 탱크 속에는 뇌만 떠다녀도 상관없으니까. 슈퍼컴퓨터에서 나의 뇌로 자극을 보내 나는 내가 말을 하고 있다고 '믿고', 친구의 뇌로 자극을 보내 그 친구가 내 말을 듣고 있다고 '믿는' 것이다. 그러나 그 믿음은 모두 틀렸다.

이 이야기는 다른 형태로 변형이 가능하다.

① 때는 역시 2199년. 철수는 불의의 사고를 당하여 신체가 모두 훼손되었다. 과학자들은 그의 뇌를 떼어 내 뇌가 계속 살아 움직일 수 있는 배양액이 담긴 통 속에 넣어둔다. 그리고 그의 뇌에서 사고가 났다는 기억과 뇌를 떼어냈다는 기억을 모두 지워버린다. 과학이 엄청나게 발전할 미래이니 그 정도쯤이야. 이제 철수의 뇌는 슈퍼컴퓨터에 연결되어 있다. 슈퍼컴퓨터는 철수의 뇌에 자극을 보내 철수가 정상적으로 활동할 때와 똑같은 경험을 심어준다. 그는 여전히 가족과 함께 지내고 직장에 다닌다. 그러나 그 모든 것은 컴퓨터가 만들어낸 환상이다. 철수는 없다. 철수의 뇌만 있을 뿐. 내가 철수라면 나 자신이 사실은 통 속에 든 뇌가 아니라는 것을 알 수 있을까? 정상적인 철수가 경험하는 것이나 통 속에 든 뇌가 경험하는 것이나 똑같은데?

② 위 이야기에서는 철수에게는 비록 뇌만 있지만 그래도 나머지 사람들과 세상은 온전히 있다. 그러나 이제는 세상에는 통

◆◆

슈퍼컴퓨터는 그 뇌에 적절한 자극을 보내 세상이 있는 것처럼 경험하게 한다. 내 몸뚱이도 있고 다른 사람들도 있고 자연도 있다고 경험하게 만든다. 그러나 그 모든 것은 다 컴퓨터가 만들어 낸 프로그램 이다. 과연 나는 통 속에 든 뇌가 아니라고 확신할 수 있는가?

속에 든 뇌와 슈퍼컴퓨터만 있다고 해보자. 이건 〈매트릭스〉의 상황과도 다르다. 〈매트릭스〉에서는 수많은 사람들의 뇌가 슈퍼컴퓨터와 연결되어 있고 매트릭스 밖에는 현실 세계도 있다. 그러나 지금은 오로지 통 속에 든 뇌와 슈퍼컴퓨터만 있고 사람들과 세상은 전혀 없다. 슈퍼컴퓨터는 그 뇌에 적절한 자극을 보내 세상이 있는 것처럼 경험하게 한다. 내 몸뚱이도 있고 다른 사람들도 있고 자연도 있다고 경험하게 만든다. 그러나 그 모든 것은 다 컴퓨터가 만들어 낸 프로그램이다. 과연 나는 통 속에 든 뇌가 아니라고 확신할 수 있는가?

통 속의 뇌 이야기는 데카르트가 말한 전지전능한 악마 이야기의 현대적인 버전이다. 여러 가지 변형이 가능한 이 이야기가 하려고 하는 말은 똑같다. 우리의 경험이 모두 가짜가 아니라는 것을 어떻게 확신할 수 있는가? 내가 악마에게 속고 있지 않다는 것을 어떻게 아는가? 내가 통 속에 든 뇌가 아니라는 것을 어떻게 확신할 수 있는가?

나는 생각한다
고로 나는 존재한다

속기 위한 마음의 자세

여러 번 말했지만 데카르트는 회의론자가 아니다. 그는 우리가 무엇인가를 알고 있다는 것을 굳게 믿는 사람이다. 그럼 왜 의심의 방법을 이용하는가? 바로 회의론을 물리치기 위해서 오히려 회의론을 이용한 것이다. 어떠한 의심도 할 수 없는 확실한 토대에 도달하기 위해서 의심에 의심을 거듭해본 것이다.

그가 도달한 확실한 토대 지식, 어떤 의심도 불가능하다는 지식은 도대체 무엇일까? 이만큼 의심해봤으면 이제 나올 때도 되지 않았을까? 데카르트는 《성찰》에서 첫째 날의 철저한 의심에 이어 둘째 날에 그것을 제시한다.

데카르트가 말한 세 가지 의심의 방법 중 가장 강력한 것은 우리가 전지전능한 악마에게 속고 있다는 것이었다. 그런데 속기 위해서는 무엇이 전제되어야 하는가? 다음에서 악마에게 속기 위해 꼭 있어야 할 것은 무엇인지 생각해보자.

- 속기 위한 마음의 자세 악마에게 속기 위해서는 '속기 위한 마음의 자세'가 필요할 것 같다. 그렇지만 좀 우습다. 속지 않기 위한 마음 자세라면 몰라도 속기 위한 마음 자세라니. 세상에 속으려고 작정한 사람도 있구나! 어쨌든 속기 위한 마음 자세라고 할 때, 그 마음을 누가 갖는가? 바로 나 아닌가? 내가 있어야 악마가 나를 속일 수 있지 않은가? 내가 없다면 악마가 어디 가서 나를 속이겠는가?

- 나 아하, 악마가 나를 속이려면 적어도 나는 꼭 있어야 하는 것이구나? 어, 이건 아니다! 데카르트가 통 속의 뇌 이야기를 모르고 있군. 나는 없고 통 속의 뇌만 있어도 악마(곧 슈퍼컴퓨터)는 나를 속일 수 있어. 그렇다면 나는 데카르트보다 더 똑똑한 것일까?

데카르트는 바보가 아니다. 물론 데카르트는 통 속의 뇌를 생각하지는 않았다. 하지만 악마의 가설이 그 역할을 충분히 한다. 내 몸뚱이가 사실은 없는데 있는 것처럼 악마가 우리를 속일 수 있다. 나는 사실 손도 발도 몸도 없지만 악마에게 속을 수 있다.

그렇지만 악마에게 속으려면 통 속의 뇌처럼 뇌는 있어야 한다. 뇌는 무엇을 하는 곳인가? 바로 생각하는 기관이다. 악마에게 속기 위해서는 적어도 내가 꼭 있어야 한다는 말은 몸뚱이를 가진 내가 아니라 생각하는 내가 있어야 한다는 뜻이다. 속는다는 것은 곧 속고 있다고 생각하는 것이고, 그렇다면 생각하는 나는 꼭 있어야 하는 것이다. 악마에게 속지 않고 나 스스로 모든 것을 의심해봐도 마찬가지다. 모든 것을, 심지어는 내가 없는 것 아니냐고 의심하려고 해도 그 의심하는 나는 있어야 하지 않겠는가? 그러므로 여기서 말하고 있는 '나'는 '생각하는 나'를 의미한다.

코기토, 에르고 숨

"나는 생각한다. 고로 나는 존재한다."

프랑스어로는 "Je pense, donc je suis"이고 영어로 말하면 "I think, therefore I am"이다. 데카르트는 애초에 라틴어로 말했기 때문에 "Cogito, ergo sum"이라는 라틴어로 더 많이 알려져 있다. 라틴어로 세 단어밖에 되지 않는 이 말이 서양의 철학사에서 가장 유명한 말 중 하나로 꼽히고 있는 것이다.

너무나 유명한 이 말은 무수한 패러디를 낳았다. 몇 가지 예를 들면 이렇다.

- 나는 폭로한다. 고로 나는 존재한다. _주네(영화감독)
- 나는 반항한다. 고로 나는 존재한다. _카뮈(작가)
- 나는 클릭한다. 고로 나는 존재한다. _이원(시인)
- 나는 소비한다. 고로 나는 존재한다. _보드리야르(사회학자)
- 나는 접속한다. 고로 나는 존재한다. _리프킨(경제학자, 미래학자)

그러나 이 책을 열심히 읽은 독자들은 단박에 알아챘겠지만, 패러디들은 데카르트의 말을 제대로 이해하지 못하고 있다. 이 패러디들은 대체로 자신의 존재 근거를 규정하는 가장 중요한 특징들을 내세우고 있다. 가령 달리기를 좋아하는 사람은 자신에게 달리기가 가장 중요하다는 것을 강조하기 위해서 "나는 달린다. 고로 나는 존재한다"라는 말을 하는 것이다. 다이어트가 중요한 사람은 "나는 다이어트한다. 고로 나는 존재한다"라고 할 테고. 여러분들도 자신에게 가장 중요한 성격이나 특징을 내세워서 비슷한 말을 만들 수 있을 것이다. 우리도 각자 하나씩 만들어보자. "나는 ○○한다. 고로 나는 존재한다."

2% 부족한 데카르트

그러나 데카르트가 "나는 생각한다. 고로 나는 존재한다"라는 말을 한 것은 나, 곧 인간의 특징 중 '생각'이 가장 중요하다고 판단해서 그런 것은 아니다. 데카르트가 이 말을 한 것은 아무리 의심하려고 해도 절대로 의심이 되지 않는 지식을 찾다가, 의심을 하려면 의심하는 나는 있어야 한다는 결론에 도달했기 때문이다. 내가 없다면 악마가 나를 속일 수 있는가? 내가 없다면 내가 의심할 수 있는가? 따라서 "나는 존재한다"라는 말은 절대 의심되지 않는 확실한 지식이 되는 것이다.

그러나 이때 '나'는 몸뚱이를 지닌 나는 아니다. 의심의 대상이 되려면 또는 의심하려면 생각하는 능력만 있으면 된다. 곧 "나는 존재한다"고 할 때 '나'는 '생각하는 나'이다. 따라서 "나는 생각한다"와 "나는 존재한다"는 하나가 다른 하나에서 도출되는 관계가 아니라 각각이 의심할 수 없는 가장 확실한 지식이다. 어떤 의심에서도 벗어나 있는 가장 확실한 지식은 "나는 생각한다"라고 생각하는 게 더 쉽긴 하다. 물론 "나는 존재한다"가 가장 확실한 지식이라고 말해도 괜찮다. 단 그때 '나'는 생각하는 나라는 것을 잊지 말아야 한다.

이렇게 보면 데카르트가 가장 확실한 지식이라고 말한 "나는 생각한다. 고로 나는 존재한다"라는 말은 오해의 소지도 많고 정확하지도 않다. 당장 위와 같이 오해로 인한 패러디들이 많이 나오지 않았는가? 그리고 '고로'(따라서, 그러므로)라는 말이 중간에 들어가 있어서 마치 "나는 생각한다"라는 말로부터 "나는 존재한다"라는 말이 따라 나오는 것 같은 오해를 살 수 있다.

약간 어려운 이야기이긴 하지만 오해를 피하기 위해 다음의 설명을 들어보자. 나는 수연이가 처녀인지 아닌지 알지 못한다. 하지만 "수연이는 처녀다"라는 말이 맞는다고 한다면 "수연이는 여자다"라는 말도 당연히 맞다. 처녀이면서 여자가 아닐 수는 없기 때문이다. 그 관계를 철학자들은 논리적인 도출 관계라고 한다. 그래서 "수연이는 처녀다. 고로 수연이는 여자다"라는 말이 성립된다. 사람들은 "나는 생각한다"와 "나는 존재한다"의 관계도 논리적인 도출 관계가 아닌가 생각한다. "나는 생각한다"가 맞는 말이라면 "나는 존재한다"도 당연히 맞는 말이다. 그러므로 "나는 생각한다. 고로 나는 존재한다"라는 말이 나온 것으로 생각한다. 그러나 두 문장끼리는 논리적인 도출 관계에 있다고 볼 수 없다.

왜 그런지 살펴보자. 방법적 회의에 의해 도달한 가장 확실한 지식은 "나는 생각한다"이다. 아무리 의심을 해도 생각하고 있다는 것만큼은 의심할 수 없다. 생각이 있는 것만큼은 분명하다. 그런데 우리는 생각이 있다면 그 생각을 하는 누군가가 있을 것이라고 생각한다. 데카르트도 그렇게 생각한 모양이다. 생각이 있다면 그 생각을 소유한 누군가가 당연히 있어야 한다고 말이다. 그래서 "나는 생각한다. 고로 나는 존재한다"라는 명제가 나온 것이다.

그러나 데카르트의 회의론을 끝까지 밀고 나간다면 '나는 존재한다'라는 결론은 나오지 않는다. 생각의 소유자는 없는데 생각만 둥둥 떠다닌다는 말은 아니다. 색깔을 생각해보라. 색깔이 있다면 당연히 그 색깔을 지닌 물체가 있다. 파란색은 홀로 있을 수 없다. 파란 하늘, 파란 마음, 파란 크레파스 하는 식으로 그 파란색을 소유한 무엇인가가 항상 있다. 마찬가지로 생각 또한 홀로 있을 수 없다. 그 생각을 소유하고 있는 누군가가 항상 있다.

그러나 그 소유자가 항상 같아야 한다는 보장이 있는가? 내 것처럼 보이는 5분 전의 생각을 내가 했다고 확신할 수 있는가? 내 것처럼 보이는 10분 전의 생각을 내가 했다고 확신할 수 있는가? 내 것처럼 보이는 15분 전의 생각을 내가 했다고 확신할 수 있는가? 지금 이 순간의 생각은 내가 하고 있는 것이 확실하지만 과거의 생각도 내 것이라는 보장이 어디에 있는가?

이왕 의심을 시작했으면 어느 순간에 중지해서는 안 된다. 생각한다는 것은 더 이상 의심할 수 없는 것이지만 그 생각의 주인들이 똑같다는 것을 어떻게 확신하는가? 왜 그것은 의심하지 않는가? 순간순간 이어지는 생각들을 같은 사람이 한다고 생각하는 것이 그럴듯하기는 하다. 그러나 그것은 의심의 여지 없이 확실한 것은 아니다. 미루어 짐작한 것일 뿐이다.

마지막 단계에서 의심의 끈을 놓았던 데카르트와는 달리 끝까지 회의를 거듭한 철학자가 바로 스코틀랜드의 흄$^{David Hume, 1711~1766}$이다. 그는 생각들을 공유하는 자아 또는 인격이라는 것은 우리가 확실하게 경험한 것이 아니라 우리가 만들어낸 가설일 뿐이라고 주장한다. 흄이야말로 가장 철저한 회의론자였다.

데카르트는 "나는 생각한다. 고로 나는 존재한다"라는 명제를 의심의 여지가 없는 가장 확실한 지식이라는 의미에서 명석 판명한^{clear and distinct} 지식이라고 부른다. 그리고 이 지식에서 다른 지식들이 따라 나온다. 비유하자면 이 명석 판명한 지식은 강물이 시작되는 발원지와도 같다. 그 발원지에서 시작된 물은 강을 따라 흐르고 흘러 바다를 채운다. 거대한 지식의 바다는 한 발원지에서 시작된 것이다. 그리고 명석 판명한 지식은 수많은 지식들을 믿을 수 있도록 하는 토대가 되는 것이다.

그 원천이 되는 지식은 어떻게 알았는가? 경험에 의해서? 데카르트가 감각 경험을 얼마나 믿지 못하는지는 우리도 이제 잘 안다. 시각을 예로 들어보자. 눈으로 '본다'는 것은 눈이라는 기관을 통해 빛이라는 물리적 대상을 보는 과정이다. 이것은 과학적으로 설명이 되지만 방법적 회의에 의해 의심이 되는 부분이다. 그러나 우리가 무엇을 본다고 '생각하는' 것은 의심할 수가 없다. 비록 잘못 본다고 하더라도 본다고 생각은 하기 때문이다. 이때 보는 것은 눈이라는 물리적 기관을 이용하지만 생각은 무엇으로 할까? 뇌로? 좋다. 그럼 뇌를 이용해서 생각한다는 생각은 무엇으로 할까? 역시 뇌로? 데카르트는 이성이 생각의 도구라고 생각했다. 우리는 이 이성에 의해서 무엇인가를 알게 되는 것이다. 이런 의미에서 데카르트의 인식론을 이성론(합리론)이라고 부른다.

감각보다 이성을 우위에 두는 전통은 멀리 플라톤까지 거슬러 올라간다. 플라톤은 유명한 동굴의 비유^{Allegory of the Cave}를 통해 실재에 대해 알기 위해서는 감각보다는 이성을 이용해야 한다고 말한다. 동굴의 비유에 따르면 우리는 동굴 속에 사는 사람과 같다. 우리는 동굴 속에서 동굴의 벽만 볼 수 있다. 동굴 밖에서는 수많은 사물들이 지나가는데 그 사물의 그림자가 동굴의 벽에 비친다. 플라톤에 따르면 우리가 감각을 이용해서 경험하는 것은 바로 그 그림자다. 진짜 사물(철학자들은 이것을 '실재'라고 부른다)은 동굴 밖에 있고 그것을 보려면 감각의 도움을 받지 않는 이성이 필요하다.

데카르트에서는 왁스의 비유가 플라톤의 동굴의 비유와 비슷한 역할을 한다. 웬 왁스? 가수 왁스가 아니고 벌집으로 만든 왁스(밀랍)를 말한다. 왁스는 불 가까이 가져가면 녹는다. 곧 단단함, 색깔, 냄새, 모양 등의 성질을 잃게 된다. 그렇지만 녹은 왁스도 왁스는 왁스다. 따라서 감각만 가지고서는 불 가까이에 가져가기 전의 왁스와 후의 왁스가 같은 왁스라는 것을 설명할 수 없다. 바로 이성을 통해 이해해야만 하는 것이다.

결국 데카르트는 우리의 지식들을 굳건히 믿는다. 실컷 의심한 결과 원점으로 돌아왔다. 방법적 회의를 통해 바뀐 것은 그 지식들이 더 확고해졌다는 것뿐이다. 그래서 독일의 철학자 라이프니츠^{Gottfried W. Leibniz, 1646~1716}는 이렇게 말한다.

"데카르트는 너무 심각하게 의심을 시작했고, 너무 수월하게 의심에서 헤어 나왔다."

데카르트는 수많은 지식들의 확고한 토대를 마련했다. 이제 그 토대로부터 그동안 의심했던 것들의 존재를 증명해야 한다. 그가 이용하는 것은 "내가 명석 판명하게 통찰하는 것은 참이다"라는 진리의 기준이다. 그는 '코기토'라는 토대에서 믿을 만한 과학적 지식들을 재구성해내는 것이 바로 이 원리라고 생각한다. 그런데 여전히 악마 그놈이 문제다. 악마는 절대적으로 명석 판명하다고 생각되는 수학의 진리마저도 속이지 않는가? 따라서 데카르트는 절대적으로 완전하고 선한 신이 존재한다고 증명해서 우리가 명석 판명하게 통찰하는 것은 참이라는 것을 증명해야 했다.

그런데 데카르트는 신이 존재한다는 것을 어떻게 증명했을까? 이 증명이 데카르트가 가장 많이 비판받는 대목이다. 그는 우리가 신의 명석 판명한 관념을 가지고 있기 때문에 신이 존재한다는 것은 분명히 맞는다고 증명했다. 다시 말해서 "내가 명석 판명하게 통찰하는 것은 참이다"라는 진리의 기준이 믿을 만하다는 것을 증명하기 위해 바로 그 기준을 이용하는 것이다. 다른 철학자들은 이것을 데카르트의 순환이라고 부른다. 순환 논증°은 잘못된 논증 방법이다. 그렇다면 데카르트는 아무것도 증명하지 못한 것이다.

데카르트는 결국 외부 세계가 존재한다는 것을 증명하는 데

실패했다. 그는 회의론자들에게 좋은 일을 시킨 셈이다.

몸 따로, 정신 따로

데카르트가 도달한 "나는 존재한다"라는 명제에서 '나'는 생각
하는 나라고 말했다. 몸뚱이를 지닌 나가 아니다. 여기서 서양
철학사, 더 나아가 서양 사상사에서 아주 중요한 구분이 나온다.
생각하는 나는 반드시 몸을 가지고 있을 필요는 없다. 몸은 이
세상을 구성하고 있는 물질 가운데 하나다. 그래서 데카르트는
정신은 물질과 동일하지 않고 구분된다고 주장한다.

　세상에 존재하는 것에는 어떤 것들이 있을까? 사람들도 있고,

◆◆ 순환논증

순환 논증은 선결 문제 요구의 오류를 범하는 논증이다. 증명의 대상이 되는 것을
오히려 증명의 전제로 내세웠기 때문에 이런 오류를 범하게 된다. 예를 들어보자.
'부자 되는 법'이라는 제목의 책들이 많이 나온다 A라는 사람이 "이 책을 읽고 따
라 하면 부자가 된대"라고 말한다. B는 "정말?"이라고 묻는다. 그러자 A는 "그럼,
이 책에 그렇게 쓰여 있어"라고 답한다.

B는 그 책에 쓰여 있는 말들이 옳다는 것의 증명을 요구하고 있다. 그러나 A는 그
증명을 그 책 안에 있는 말을 가지고 하고 있다. 증명의 대상이 되는 것을 전제로
내세우는 것이다. 물에 빠졌을 때 내가 내 머리채를 잡고 끌어올리는 것과 비슷하
다고나 할까.

동물들도 있고, 나무도 있고, 집도 있고, 그리고 사람들도 갑돌이, 갑순이 등 그 존재의 수는 헤아릴 수 없을 정도로 많을 것이다. 이 모든 것들을 비슷한 것끼리 묶으면 가장 크게 어떻게 나눌 수 있을까? 철학자들은 여기서 실체라는 개념을 생각해낸다. 실체라는 것은, 철학자들에 따라 조금씩 다른 의미로 쓰이지만, 쉽게 말하면 세상의 근원이 되는 것을 말한다. 데카르트에게 이 세상의 실체는 정신과 물질 두 가지다. 정신과 물질이 이 세상에 존재하는 모든 것의 근원이 되는 것이다. 데카르트는 정신과 물질이 각기 다음과 같은 성질을 지니고 있다고 생각했다.

정신은 생각한다는 성질을 지니고 있다. 이것은 너무 당연한 얘기이고 지금까지 지겹게 들었다. 그런데 물질이 지니고 있는 연장이라는 성질은 무엇일까? 망치나 톱처럼 물건을 만드는 도구를 말하는 것일까? 정신을 가지고는 아무것도 못 만들지만 물질을 가지고는 뭔가를 만들 수 있으니까 물질의 성질을 연장이라고 한 것일까? 틀렸다.

우리나라에 서양 철학의 용어를 처음 번역한 사람이 괜히 어려운 말을 골라 써서 데카르트가 먼 곳까지 와서 고생하는 것이다. 이때 연장이란 한자로 '延長'이다. '長'은 길이를 말하는 것이 고 '延'은 '뻗어 있다, 자리를 차지하고 있다'는 뜻이다. 따라서 연장이라고 하니까 괜히 어려운 말처럼 들리지만 공간을 차지하고 있다는 뜻이다. 물질의 성질이 연장이라는 것은 물질들은 어떤 식으로든 공간을 차지하고 있다는 말이다. 그렇지 않은가? 태양처럼 큰 물질은 어마어마한 공간을 차지하고 있고, 미생물처럼 작은 물질은 조그마한 공간을 차지하고 있다는 차이만 있지 물질들은 모두 공간을 차지하고 있을 것이다.

반면에 정신은 공간을 차지하고 있지 않다. 여러분의 생각이 어디에 있겠는가? 내가 야한 생각을 하고 있다고? 뜨끔하긴 하지만 이렇게 우기면 된다.

"너 그 생각 봤어? 한번 보여줘봐. 나도 보고 싶어. 내 머릿속에 있다고? 어디? (머리를 들이밀면서) 한번 꺼내줘봐."

생각은 볼 수도, 만질 수도, 맛볼 수도 없는 것이다. 그것은 아무런 공간도 차지하지 않는, 물질과는 전혀 다른 것이라고 데카르트는 말한다.

실체가 정신과 물질 두 가지라는 데카르트의 주장을 이원론dualism이라고 한다. 이 이원론은 상식과 일치한다. 우리는 세상에 존재하는 물질들에 정신이 있다고 생각하지 않는다. 데카르트는 정신의 특징이 생각이고 물질의 특징은 연장이라고 말했지만, 그것은 대표적인 것들이고 또 다른 특징들도 있다. 정신과 물질이 갖는 특징들을 더 찾아보자.

정신	물질
느낀다 의식한다 희망한다 상상한다 결심한다 기뻐한다 슬퍼한다	크기가 있다 모양이 있다 무게가 있다

우리 주변에 있는 물질들을 보라. 컴퓨터, 사과, 산, 자동차
…… 이런 것들이 생각을 하고 기뻐할 수 있겠는가? 원시시대에
는 돌과 같은 물질에도 정신이 있다고 믿었지만 그것은 미신에
불과하다. 요즘에도 자연에 영혼이 있다고 말하는 사람들이 있
지만 그것은 비유적인 표현일 뿐이다. 철학자들 중에는 모든 물
질에 정신이 있다고 주장하는 범심론汎心論자들이 있지만, 그들이
말하는 정신이 우리가 하는 정신 활동과 같은지는 의문이다. 대
부분의 사람들은 물질에는 정신의 특징들이 없다고 생각한다.
한편 정신도 물질이 갖는 특징은 전혀 가지고 있지 못하다. 정신
에 무슨 크기가 있고 무게가 있겠는가? 이렇게 물질과 정신은
전혀 별개인 것 같다.

세상에서 정신과 물질을 동시에 지니고 있다고 생각되는 것은
사람이다. 사람은 생각을 하니 정신도 지니고 있고, 사람의 몸뚱
이는 물질로 이루어져 있으니 물질도 지니고 있다. 그래서 정신
과 물질의 관계에 대한 철학적인 물음을 철학자들은 마음과 몸
의 문제, 곧 심신 문제mind-body problem라고 부른다. 이원론자들은
심신 문제에 대해 마음과 몸은 별개의 것이라고 주장하는데, 좀

더 구체적으로 별개의 실체로서 존재한다는 이론을 데카르트적 이원론Cartesian dualism이라고도 부른다.

이 이원론은 데카르트 당시부터 수많은 논쟁을 몰고 왔고 그 논쟁은 지금도 계속되고 있다. 데카르트 때부터 제기됐던 가장 큰 문제점은 마음과 몸의 상호작용을 설명할 수 없다는 점이다. 마음과 몸은 분명히 서로 영향을 주고받는 것 같다. 아주 쉬운 예로 마음이 피곤하면 몸도 피곤하고 몸이 피곤하면 마음도 피곤하다. 이렇게 마음과 몸의 인과 작용을 설명할 수 있어야 하는데 데카르트의 이원론으로는 그것을 설명할 수가 없다. 왜? 완전히 성격이 다른 두 가지 것이 서로 영향을 주고받을 수 없기 때문이다. 정신이 크기도 없고 무게도 없다면 운동량도 없고 운동 에너지도 없을 텐데 어떻게 물질을 움직이게 만들 수 있겠는가?

현대에 이르러서는 신경과학의 발달로 정신의 많은 부분이 사실은 뇌의 활동에 불과하다는 것이 밝혀지게 되었다. 뇌도 몸의 하나이므로, 마음과 몸은 별개의 것이 아니라 하나라는 일원론monism이 큰 힘을 발휘하게 되었다. 그래서 포르투갈 출신의 미국 신경과학자 안토니우 다마지우Antonio Damasio, 1944~는 그의 책 제목을 《데카르트의 오류Descartes' Error》(1994)라고 붙였다. 그리고 DNA의 이중나선 구조를 규명해 노벨상을 받은 프랜시스 크릭Francis H. C. Crick, 1916~2004은 정신이 뇌에 불과하다는 내용의 책에 《놀라운 가설The Astonishing Hypothesis》(1955)이라는 제목을 달았다. 데카르트 이후 마음과 몸은 별개의 것이라고 생각해왔는데 그 둘이 사실은 하나라는 가설이 놀랍다는 것이다. 많은 철학자들은 이들의 생각에 동의한다. 현대 철학자들 중에는 심신 문제에 대해 적어도 데카르트적인 의미의 이원론자는 찾아보기 힘들다.

존재하는 것은
지각되는 것이다

저 사과가 진짜 존재하는가?

마지막에 상식의 입장으로 돌아오긴 했지만, 데카르트의 주장은 우리가 아는 것은 의심 가능하고 우리가 아는 것은 옳지 않다는 고민을 심각하게 하도록 만든다. 다행이라면 그가 우리에게 존재하는 세상을 돌려준 것이다. 하지만 그가 가르쳐준 방법적 회의를 일관되게 밀고 나간다면 진정으로 존재하는 것은 정신뿐일 것 같다는 생각에 왠지 뒷맛이 개운치 않다.

　지금 내 앞에 빨간 사과가 한 알 있다고 하자. 이제 이 사과를 놓고 철학적인 사색을 해보자. 아무리 철학적인 사색을 해봐도 사과는 그 자리에 있다. 내가 먹어 없애기 전까지는 분명히 있다. 도대체 사과가 있다는 것을 알지 못하겠다니 말이 되는가?

사과가 분명히 거기 있으니까 내가 볼 수 있고 만질 수 있는 것 아닌가? 이런 입장을 철학에서는 상식 실재론 또는 직접 실재론이라고 부른다. 실재론은 외부 세계의 사물들이 정말로 존재한다는 주장인데, 대부분의 상식인들이 품고 있기 때문에 상식 실재론이라고 부른다(철학자 중에서 상식 실재론자는 거의 없다. 철학자들은 상식에서 벗어난 사람들이다!).

이 주장을 직접 실재론이라고도 부르는 것은 사과 그 자체의 존재를 다른 무엇의 도움을 받지 않고 직접 알기 때문이다. 이 '직접'에 대해서는 뒤에서 다시 설명하겠다. 한편 상식 실재론을 소박 실재론이라고도 부른다. 소박하다고 하니까 칭찬 같지만 사실은 비꼬는 말이다. '소박'은 영어의 'naive'를 번역한 말인데 naive에는 '소박하다'라는 뜻 외에 '잘 속는다, 세련되지 못하다'라는 뜻도 있기 때문이다. 상식 실재론은 철학적인 성찰이 없는 세련되지 못한 주장이어서 그렇게도 부르는 것이다.

상식 실재론의 장점은 글자 그대로 상식과 일치한다는 것이다. 그러니 자연스럽게 회의론도 물리칠 수 있다. 그러나 어떤 주장이 상식과 일치한다는 것이 꼭 장점만은 아니다. 지구가 평평하고 태양이 지구 주위를 돈다는 것이 한때는 상식이었지만 이제는 틀린 주장이지 않는가? 상식 실재론도 그런 운명이 될지 알 수 없는 노릇이다.

상식 실재론의 더 심각한 문제는, 데카르트에서 충분히 살펴본 것처럼, 사과가 진짜 있을 때와 환상일 때를 구별할 방법이 없다는 것이다. 꿈속에서 또는 너무 배가 고파 사과의 환상을 보고서 사과가 있다는 것을 경험하는 것은 정말 사과가 있어서 사과가 있다는 것을 경험하는 경우와 아무 차이가 없다. 만져보면 된다고? 헛것을 본 경우는 만져보면 사과가 없을 테니까? 그러나 우리는 이미 그 촉각마저도 환각에 의해 생길 수 있음을 알고 있다. 가상현실이나 매트릭스가 만들어낸 세상은 볼 수도 만질 수도 있지 않은가?

상식 실재론의 문제점을 지적하기 위해 아직 현실화되지 않은 가상현실이나 매트릭스를 꼭 거론할 필요도 없다. 천문학에 대해 좀 아는 사람들은 초신성 폭발에 대해 들어봤을 것이다. 별에도 수명이 있는데, 질량이 아주 큰 별이 수명을 다해 크게 폭발하여 엄청나게 밝게 보이는 현상을 말한다. 1987년 2월 초신성 'SN1987A'의 폭발이 관측되었다. 이 초신성은 태양 질량의 20배 정도이며, 대마젤란 은하 속의 독거미 성운 근처에서 폭발하여 그 빛이 우리에게 전달되는 데 무려 17만여 년이 걸렸다. 그러니까 17만여 년 전에 일어난 폭발을 우리가 관측한 셈이다.

우리는 그 초신성을 보고서 초신성이 있을 것이라고 생각한다. 그러나 초신성은 이미, 그것도 17만 년 전에 폭발해버리고 지금은 존재하지 않는다. 우리가 경험한다고 해서 경험의 대상이 다 존재하는 것은 아니다. 경험 그리고 경험을 일으키는 외부 세계 대상의 존재는 별개다. 꼭 초신성뿐만 아니라 내 눈앞에 있는 사과도 그럴지 모른다. 나는 사과를 직접, 곧바로 관찰한다고 생각할지 모르지만 초신성의 경우처럼 사과의 존재와 그것을 보는 경험 사이에는 시간 간격이 있을지 모른다. 아마 몇백억 분의 1초 정도? 그렇다고 해서 초신성의 경우처럼 몇백억 분의 1초 전에 사과가 없어진 것은 아니지만 적어도 사과 그 자체와 사과의 경험은 구분된다는 것은 알 수 있다.

사과를 느껴보자

그럼 사과를 다시 보고 이번에는 좀 세련되게 사색을 해보자. 철학적인 사색이라고 해서 대단한 것은 아니다. 눈으로 보고, 만져보고, 소리도 들어보고, 냄새도 맡아보라. 한입 베어 물고 맛도 보라. 데카르트에서 말한 것처럼 모든 감각을 이용해 사과를 경험하는 것이다.

책을 잠깐 덮고 사과를 놓고 경험해보자. 무엇을 알게 되었는가? 일반적으로 다음과 같은 것들을 경험했을 것이다.

> 빨간색이다 / 모양이 둥글다 / 가볍다 / 자리를 차지하고
> 있다 / 주먹만 한 크기다 / 한 개다 / 껍질이 반질반질하다
> / 두드리니 딱딱하다 / 속살은 희다 / 달콤한 냄새가 난다 /
> 맛이 새콤달콤하다

그런데 좀 전에 말한 대로 우리의 감각이 잘못될 수도 있다. 너무 배가 고파서 사과가 없는데 있는 것으로 잘못 보는지도 모르고, 꿈을 꾸고 있는지도 모르고, 악마에게 속고 있는 것인지도 모른다. 따라서 사과가 정말 있다고 확신할 수는 없다. 사과가 없다고 장담하지는 못하지만 있다고 확실하게 말할 수는 없다. 그러나 정말로 확실한 것은 있다. 그것은 내가 감각 경험을 하고 있다는 사실이다. 설령 착각을 일으키거나 악마에게 속임을 당해 빨간 사과가 있는 것으로 보일지라도 빨갛게 보이는 것은 사실 아닌가? 정말로 사과가 있어서 빨갛게 보이든 착각으로 빨갛게 보이든 빨갛게 보이는 경험을 하고 있는 것은 분명하다. 진짜 빨간 사과가 있는지는 모르겠다. 그러나 사과의 빨간색과 둥그런 모양과 반질반질한 느낌은 분명히 내가 느끼고 있다.

데카르트 같으면 이것을 "나는 사과의 빨강을 보고 있다"라고 말할 것이다. 그러나 정말로 확실한 것만 말하자면 "빨강이 보인다"라는 것이다. 빨강을 보고 있는 '나'가 있는지도 확실하지 않기 때문이다. 정말로 확실한 것은 빨강을 경험한다는 사실뿐이다.

이런 식의 생각을 한 철학자들이 바로 17~18세기 영국의 경험론자들이다. 그들에 따르면 우리의 모든 지식의 원천은 경험이다. 경험만큼 확실한 것은 없기 때문이다. 로크, 버클리, 흄으로 대표되는 경험론은 데카르트, 스피노자, 라이프니츠의 합리론과 함께 서양 근세 철학을 지탱하는 기둥이다.

다시 사과를 보자. 지금 빨간색이 보인다. 더 솔직하게 말하면

균일적인 빨간색도 아니다. 어떤 부분은 좀더 빨갛고 어떤 부분은 조금 덜 빨갛다. 그러고 보니 푸르스름한 부분도 있다. 좀더 솔직하게 말하면 그 색깔마저도 시시각각 변한다. 똑같은 빨간색이 보는 위치에 따라 좀더 밝게 보이기도 하고 어둡게 보이기도 한다. 우리는 미술 시간에 사과를 그릴 때 명암을 표현해야 한다는 것을 배웠다. 특히 인상파 화가들은 빛에 따라 시시각각 변하는 대상의 모습을 캔버스에 그렸다고 한다. 이들이야말로 진정한 경험론 철학자들이다!

사과를 본다는 것은 사과를 시각적으로 경험한다는 것이다. 따라서 "나는 사과를 보고 있다"라는 말은 엄격하게 말하면 "나는 사과의 시각 경험을 하고 있다"라고 바꿔야 한다. 외부 세계에 있는 사과는 데카르트의 실체 구분에서 보면 물질에 해당한다. 그리고 시각 경험은, 꼭 일치하는 것은 아니지만 정신에 해당한다고 할 수 있다. 시각 경험은 정신이 하는 활동이다. 우리는 사과가 정말로 있는지 없는지 모르지만 있다고 해도 그것을 직접 마음속에 담을 수는 없다. 왜 그럴까? 머리를 열어서 사과를 넣을 수는 없는 노릇이니까. 좀 엽기적이지만 사과야 어떻게든 구겨넣는다고 해도 사랑이나 평화처럼 모양이 없는 것은 어떻게 넣을까?

철학자들은 우리가 사과를 경험할 때 사과를 우리 마음속에 직접 담을 수 없으니까 사과를 대신하는 것을 머릿속에 담는다고 생각한다. 바로 감각으로 경험한 내용을 머릿속에 담는 것이다. 철학자들은 그것을 표상이라고 부른다. 표상은 영어로 'representation'이라고 한다. 동사로는 'represent'인데 이것은 무엇이 무엇을 대신한다는 뜻이다. 생각이나 기호가 외부 세계의 대상을 대신하고(표상), 그림이나 기호가 외부 세계의 대상을 대신하고(재현), 국회의원이 국민들을 대신해서 정치를 할(대의) 때 쓰는 말이다. 이 표상이라는 것은 다름이 아니라 우리가 생각하는 것이고 감각으로 경험하는 것이다. 따라서 표상, 생각, 관념, 지각 등의 낱말은 서로 바꿔 쓸 수 있는 말들이다. 그리고 철학자들은 같은 뜻으로 감각 자료$^{sense\ data}$라는 전문 용어도 쓴다.

우리는 외부 세계에 있는 대상을 직접 경험할 수는 없다. 우리가 직접 경험하는 것은 표상이고, 이 표상을 통해서 간접적으로 그 대상이 있다고 경험하는 것이다. 그리고 위에서 말한 상식 실재론자들은 이런 표상의 매개 없이 대상을 직접 경험한다고 주장하기 때문에 직접 실재론자라고 부른 것이다. 철학자 중에서는 이런 상식 실재론자들은 거의 없다. 어떤 형태로든 표상의 존재를 인정한다. 누구나 다 생각을 하고 감각 경험을 하는데 이 생각이나 감각 경험이 곧 표상인 까닭에 표상이 있다는 것을 부인하기는 힘들기 때문이다.

그런데 문제는 표상의 원인이 되는 외부 세계가 존재하느냐다. 여기서 표상적 실재론과 관념론이 나뉜다. 먼저 외부 세계의 대상이 우리 마음과 독립적으로 존재한다고, 곧 실재한다고 생각하는 철학 이론을 표상적 실재론이라고 한다. 표상적 실재론자들은 외부 세계가 정말로 있는데 우리가 그것을 직접 경험할 수 없으니까 표상을 통해서 간접적으로 경험한다고 주장하는 것이다. 외부 세계를 우리가 직접 경험할 수는 없지만 확실한 표상으로부터 외부 세계의 존재를 '추정'해내는 것이다. 곧 '나 - 표상 - 대상'의 3단계 구조를 받아들인다. 반면에 관념론은 표상이 있는 것은 분명하지만 우리의 마음과 독립적인 외부 세계가 있는지는 알 수 없다는 주장이다.

사과 자체와 내 느낌은 어떻게 다를까?

외부 세계의 존재를 증명했다고 생각한 데카르트도 표상적 실재론자겠지만, 표상적 실재론의 대표자는 경험론자인 로크[John Locke, 1632~1704]다. 그의 주장은 당시 사람들, 특히 과학자들에게 널리 받아들여졌다. 표상적 실재론은 지금도 강력하고 설득력 있는 이론이다. 철학적으로 세련돼 보이면서 상식에서도 벗어나지 않았기 때문이다. 그러나 이 이론도 결코 녹록잖은 공격을 받게 된다.

경험론자인 로크는 우리의 모든 관념이 경험에서 온다고 주장한다. 그는 우리 마음에 내용을 채워주는 것은 감각 경험이라고, 경험론자다운 주장을 하는 것이다. 그는 이렇게 말한다.

그런데 로크는 감각을 일으키는 외부 세계가 존재한다는, 그의 후배 경험론자들이 보면 경험론자답지 않은 주장까지 받아들인다. 사과로부터 생긴 감각 경험들을 다시 훑어보자. 로크는 그것들 중에 어떤 것들은 사과가 정말로 가지고 있는 성질을 그대로 복사한 것이고 어떤 것은 우리 마음이 만들어낸 것이라고 말한다. 로크의 이야기를 듣기 전에 그 감각 경험들을 스스로 두 모둠으로 나눠보자. 원래부터 사과가 가지고 있을 것 같은 것과 사과한테는 없는데 우리가 만들어냈을 것 같은 것으로. 그리고 다음에서 로크가 분류한 것과 비교해보자.

로크는 그 두 모둠을 1차 성질과 2차 성질이라고 부른다.

1차 성질	2차 성질
연장(자리를 차지하고 있다) 모양(모양이 둥글다, 주먹만 한 크기다) 양(한 개다) 무게(무게가 있다)	색깔(빨갛다, 속살은 희다) 냄새(달콤한 냄새가 난다) 맛(맛이 새콤달콤하다) 촉감(껍질이 반질반질하다, 두드리니 딱딱하다)

로크에 따르면 사과의 1차 성질은 사과 자체가 가지고 있는 것이다. 사과가 이러이러한 모양을 가지고 있고 개수가 하나라는 성질은 우리의 주관이 만들어낸 것이 아니라 사과 안에 객관적으로 있는 것이다. 우리의 감각 기관들이 이 1차 성질을 정확하

게 복사해서 표상 또는 관념을 만들어낼 뿐이다.

반면에 2차 성질은 사과 안에 있지 않다. 그것은 우리 주관이 만들어낸 것이다. 나는 이 사과를 먹고 단맛을 느끼는데 친구는 쓴맛이 난다고 한다. 친구는 그전에 단 초콜릿을 먹었기 때문이다. 내 눈에는 이 사과가 빨갛게 보인다. 그런데 친구는 노랗게 보인다고 한다. 친구는 황달에 걸렸기 때문이다. 색깔, 촉감, 냄새, 맛 등은 사람에 따라 다르게 느껴지기 때문에 사과가 가지고 있는 고유한 성질은 아니고 우리 마음이 만들어낸 감각 경험인 것이다. 아직도 이해가 안 되는가? 훔쳐 먹은 사과가 맛있다고 한다. 그렇지만 사과가 '맛있음'이란 성질을 가지고 있는가? 사과를 구석구석까지 샅샅이 살펴봐라. 어디에 맛있음이라는 성질이 있는가? 그것은 우리 마음이 만든 성질이다. 마찬가지로 사과의 색깔, 촉감 등도 우리가 만든 성질이다.

어떤 사람들은 사과 색깔이 노랗게 보이고 사과 맛이 쓰게 느껴지는 것은 그렇게 경험한 사람이 정상적인 조건이 아니기 때문이라고 말할지도 모르겠다. 정상적인 사람이라면 누구에게나 사과는 똑같이 빨갛게 보이고 단맛이 나기 때문에 색깔과 맛도 사과의 고유한 성질이라고 주장할 것이다.

그러나 정상적인 사람에게 보이는 빨간색이 다 똑같은 빨간색일까? 서로에게 약간씩 다른 빨간색이지만 어휘의 한계 때문에 모두 빨간색이라고 말하는 것은 아닐까? 더 나아가서 사과는 원래 빨간색이 아닌데 우리 인간이 지닌 시각의 한계 때문에 빨간색으로 보이는 것은 아닐까? 시각 구조가 우리와 다른 동물에게는 빨간색으로 보이지 않고 파란색으로 보이는 것은 아닐까? 그 동물은 우리가 사과를 보고 빨간색이라고 말할 때마다 답답할 것이다. 파란색인데 왜 빨간색이라 할까 하고.

그리고 이건 현대 철학자들이 생각한 건데, 어떤 사람들은 사과가 파란색으로 보이는데도 빨간색으로 보인다고 말하는 것은 아닐까? 그 사람이 거짓말을 한다는 것이 아니다. 파란색을 볼 때마다 일관되게 빨간색이라고 말할지도 모른다는 것이다. 그 사람의 느낌을 내가 확인할 수 없으니까 이것을 부정할 수 없다(이것은 좀 복잡한 이야기이니까 이 정도로 그치자). 이래저래 색깔은 사과의 고유한 성질이라고 말할 수 없다.

그렇다고 해서 로크는 2차 성질이 대상과 상관없이 완전히 우리 주관이 만들어낸 것이라고 생각하지 않는다. 그는 대상들이 2차 성질을 가지고 있는 것은 아니지만 그것을 만들어낼 힘을 지니고 있다고 말한다. 이 주장은 현대 과학이 밝혀낸 바와 일치한다. 사과를 화학적으로 분석하면 단맛을 내는 입자 구조가 존재할 것이다. 그리고 사과라는 물체가 어떤 빛의 파장은 흡수하고 어떤 빛의 파장은 반사하기에 빨간색으로 보일 것이다. 하지만 그것이 곧 단맛과 빨간색의 감각 경험은 아니다. 우리에게 감각 경험을 불러일으키는 힘일 뿐이다. 이런 점에서 로크의 이론은 당대 과학자들에게 널리 받아들여졌다.

세상을 있는 그대로 느낄 수 있을까?

표상적 실재론자들은 외부 세계가 우리와 독립적으로 존재한다고 주장한다. 그런 점에서 실재론자들이다. 내가 지금 알고 있는 것이 맞는지 틀리는지는 외부 세계에 달려 있다. 사과가 정말 빨간데 내가 빨갛다고 알고 있다면 맞는 거고, 파랗다고 알고 있다면 틀린 것이다. 따라서 표상적 실재론자들은 회의론에서 벗어날 수 있다.

그러나 대상을 직접 지각하지는 않는다는 것이 상식 실재론의 주장과 다른 점이다. 우리가 직접 지각하는 것은 표상이고, 이 표상을 통해서 대상의 존재를 간접적으로 추론해낸다. 둥그런 모양을 하고 빨간색을 띤 사과의 지각이 나에게 주어졌다면 그 지각을 불러일으킨 사과가 나와 독립적으로 존재할 것이라고 추론해내는 것이다.

내가 지금 TV에서 월드컵 축구 경기가 중계되는 것을 보고 있다고 해보자. TV를 처음 보는 사람은 TV 안에서 사람이 들어가 축구를 하고 있다고 생각할 것이다. 하지만 우리는 그 화면이 실제 벌어지고 있는 축구 경기를 촬영한 것임을 잘 알고 있다. TV 화면을 보고 실제 일어난 일을 촬영했다고 추론하는 것이 당연한 것처럼 표상으로부터 나의 외부에 있는 대상의 존재를 추론하는 것도 당연하다.

그러나 여기서 문제가 생긴다. 그 추론을 어떻게 보장하는가?

표상은 우리가 직접 지각하는 것이니까 의심의 여지가 없지만 거기서 외부 세계의 대상을 추론해내는 것은 어떻게 정당화되는 가? 나의 밖에 외부 세계의 대상이 존재한다는 것을 어떻게 아 는가? 당신이 표상적 실재론자라면 이 질문에 어떻게 대답하겠 는지 잠시 생각해보자. 표상적 실재론자들은 이 질문에 대해 다 음과 같이 대답한다.

① 대상이 표상의 원인이다. 우리에게 표상이 있기 위해서는 우리 밖에 무엇인가가 있어야 하지 않겠는가? 외부 세계의 대상은 표상 의 원인으로서 존재한다.

데카르트의 구분에 따르면 표상은 정신에, 대상은 물질에 해 당한다. 그러면 대상은 공간을 차지하는 것이고 표상은 공간을 차지하지 못하는 것이다. 공간을 차지하는 것이 어떻게 공간도 차지하지 못하는 것의 원인이 될 수 있는가? 이 질문은 데카르 트의 이원론이 갖는 가장 큰 난점이기도 했다. 서로 성격이 다른 정신과 물질의 인과관계를 설명할 수 없기 때문이다.

② 보조 장치를 이용하면 된다. 사과의 사진을 찍으면 사과의 존재 를 확실히 알 수 있지 않은가? 사진, 비디오 리코더, 녹음기, 당도 측정기, 속도 측정기 등의 보조 장치들이 표상의 원인이 되는 대상 이 있음을 보장해준다.

그런 보조 장치도 역시 외부 세계의 대상이다. 지금 외부 세계의 대상의 존재가 궁금한데, 마찬가지로 그 존재가 궁금한 보조 장치들이 그것을 보장해준다는 것은 말이 안 된다. 이것은 순환 논증이다. 사실 꼭 사진 같은 것을 거론하지 않아도 사람의 눈, 귀, 코, 혀 등이 외부 대상의 존재를 확인할 수 있는 장치다. 그러나 그것들도 역시 외부 세계의 대상이기 때문에 그것으로 외부 대상의 존재를 확인할 수는 없다.

③ 다른 사람들도 똑같이 지각한다. 내가 사과를 보고 둥글고 빨갛다고 하는 것처럼 다른 사람들도 둥글고 빨갛다고 한다. 이것은 내 경험이 순전히 내가 만들어낸 것이 아니라 외부 세계의 대상과 관련되어 있다는 것을 뜻한다.

다른 사람들도 역시 외부 세계의 대상일 뿐이다. 이 대답도 역시 순환 논증이다. 매트릭스 속에 있는 사람들은 외부 세계가 없는데도 모두 똑같이 있는 것처럼 생각한다.

④ 표상과 대상이 닮았다. 우리의 지각과 대상 사이에는 밀접한 관계가 있다. 우리의 지각은 대상의 1차 성질을 그대로 복사해낸다. 그리고 2차 성질은 그대로 복사하지는 못하지만 관련성이 있다. 사과도 빨갛고 고추도 빨간 것은 사과와 고추의 표면이 빛을 반사하는 정도가 비슷하기 때문이다.

표상과 대상이 닮았는지 어떻게 아는가? 그것을 알려면 비교를 해야 하는데 비교할 대상은 지금 그 존재가 의심스러운 것이다.

표상에서 외부 세계의 대상을 끄집어내려는 어떤 방법도 만족스럽지 못하다. 외부 세계의 대상들의 존재는 희망 사항일 뿐이다. 그것들이 있으면 좋으련만 우리는 직접 지각하는 표상 밖으로 나갈 수가 없다. 내 눈에 보이는 TV 화면만이 확실한 것이다. 그 너머에 무엇이 있는지 우리는 전혀 알 수가 없다. 표상적 실재론도 회의론에 빠질 수밖에 없는 것 같다.

버클리 일병의 실재론 구하기

로크의 표상적 실재론은 상식과도 부합하는 세련된 이론인 듯하면서도 실상은 회의론으로 가는 지름길이다. 그 이론에서는 외부 세계가 존재한다는 것을 알 수가 없다. 이 회의론의 난관에서 실재론을 구하겠다고 나선 철학자가 바로 버클리다. 그는 로크의 이론이 회의론에 빠지는 것을 보니 그의 이론 어딘가에 잘못된 구석이 있을 것이라고 생각한다. 그는 그 난관의 근원이 표상 너머에 물질이 있다고 가정하는 데 있다고 생각한다. 표상 또는 관념과 구분되는 물질이 존재한다고 생각하는 것은 필연적으로 회의론과 무신론에 빠질 수밖에 없다고 주장한다. 실재론과 유신론을 구하기 위해서는 우리의 감각 경험 너머에 물질이 있다는 생각을 포기해야만 한다.

버클리의 전략은 골치 아픈 '물질'을 존재 세계에서 없애버리는 것이다. 그의 《세 가지 대화》에 등장하는 하일러스는 물질의 존재를 믿는 사람이다. 사실 우리 대부분이 하일러스 같은 사람 아니겠는가? 그러나 하일러스는 버클리의 대변인 격인 필로누스에게 설득당한다. 세상에 존재하는 것은 정신뿐이라고. 버클리의 주장은 다음과 같이 정리해볼 수 있다.

① 우리는 외부 세계의 대상들을 지각한다.
② 우리는 관념만을 지각한다.
따라서 ③ 외부 세계의 대상들은 관념이다.

첫째 전제는 별로 문제가 없어 보인다. 문제는 둘째 전제다. 로크 같은 표상적 실재론자들도 우리가 관념(표상)을 지각한다는 것을 부인하지는 않을 것이다. 다만 그들은 관념을 지각함으로써 그것으로부터 외부 세계의 대상들을 추론해낸다. 그러나 위에서 살펴본 것처럼 그 추론은 어떻게 해도 정당화되지 않는다. 따라서 우리는 관념들만을 지각할 수 있을 뿐이다.

버클리에서는 로크의 1차 성질과 2차 성질의 구분이 없어진다. 로크의 1차 성질은 대상에 객관적으로 있는 것이고 우리의 감각 기관들이 그것을 정확히 복사해서 표상한다. 그러나 버클리가 보기에는 1차 성질마저도 우리 마음이 만들어낸 것이다.

로크에서 1차 성질과 달리 2차 성질을 주관이 만들어냈다고 보는 까닭은 2차 성질은 관찰자마다 다르게 느껴지기 때문이었다. 버클리의 대변인인 필로누스는 1차 성질에 관해서도 똑같이 말할 수 있다고 주장한다.

> 한 대상이 이 눈에는 작고 매끄럽고 둥글게 보이지만 저 눈에
> 는 울퉁불퉁하고 모나게 나타나기 때문에 그 대상 속에는 그
> 어떤 연장이나 형태도 들어 있지 않다고 결론을 내리는 것은
> 그것과 완전히 동일한 추론 방식이 아닌가?

동전의 모양을 예로 들어보자. 동전의 동그란 모양은 누구에게나 똑같이 보이므로 우리는 그것이 1차 성질이라고 생각한다. 그러나 동전도 보는 위치와 방향에 따라 완전한 원으로도 보이고 타원으로도 보인다. 크기도 마찬가지다. 가까이서 보느냐 멀리서 보느냐에 따라 달라 보인다. 그리고 맨눈으로 보면 매끄럽고 둥글게 보이겠지만 현미경으로 보면 울퉁불퉁하고 모나게 보인다. 따라서 대상의 고유한 성질이라는 것은 없고 모든 성질들은 우리 마음에 의해 만들어지는 것이다.

그러므로 우리에게 지각되는 것은 관념밖에 없다. 버클리에게는 색깔이나 냄새뿐만 아니라 크기나 모양도 모두 관념일 뿐이다. 우리는 상식적으로 외부 세계의 대상들을 지각한다고 알고 있다. 그런데 철학적으로 반성해본 결과 관념만을 지각한다. 버클리는

《인간 지식의 원리론^{Treatise Concerning the Principles of Human Knowledge}》(1970)
에서 다음과 같이 말한다.

> 집·산·강 그리고 한마디로 모든 감각 가능한 대상들은 이해
> 력에 의해 지각되는 것과 독립적으로, 자연스럽게 또는 실제
> 로 존재한다는 생각이 이상하게도 사람들 사이에 널리 퍼져
> 있다. 그러나 세상 사람들이 어떤 대단한 확신과 묵인으로 이
> 원리를 품고 있다고 하더라도, 마음 속에서 그것을 의심하고
> 있는 사람이라면, 만약 나에게 잘못이 없다면, 누구나 다 거기
> 에 분명한 모순이 있다는 것을 지각할 것이다. 그 이유는 다음
> 과 같다. 앞에서 말한 대상들은 우리가 감각으로 지각하는 것
> 말고 무엇이겠는가? 그리고 우리는 우리 자신의 관념과 감각
> 말고 무엇을 지각하겠는가? 그리고 이들 관념 가운데 어느 것
> 하나라도 또는 그것들을 복합한 것 중 어느 것 하나라도 지각
> 되지 않고 존재한다는 것은 명백히 앞뒤가 안 맞는 말이 아니
> 겠는가?

버클리는 어떤 것이 지각되지 않고 존재한다는 것은 모순이라
고, 말도 되지 않는다고 주장하는 것이다. 그렇다면 외부 세계의
대상들은 관념이라는 결론이 나온다. 버클리는 자신의 이론을
비물질론^{immaterialism}이라고 부르지만 사람들은 보통 관념론^{idealism}
이라고 부른다. 바로 위와 같은 결론 때문이다. 관념론은 결국

외부 세계란 없고 관념만이 있을 뿐이라는 주장이다. 관념론은 데카르트의 방법적 회의와 경험론의 원칙을 끝까지 밀고 나가면 자연스럽게 도달하는 지점인 것 같다. 그리고 외부 세계의 대상들이 존재하지 않는다는 주장은 실재론에 반대된다. 이것은 곧 회의론이다.

그런데 왜 《세 가지 대화》의 제목에는 회의론에 반대한다는 말이 붙어 있을까? 상식인인 하일러스가 반대한다는 것일까? 아니다. 버클리는 자신의 관념론이 회의론에서 벗어날 수 있는 유일한 대안이라고 생각했다. 왜냐하면 그에게 외부 세계의 대상들은 존재하지 않는 것이 아니기 때문이다. 다만 우리와 독립적인 물질로서 존재하는 것이 아니라(그래서 비물질론) 우리의 관념으로서 존재하는 것이다(그래서 관념론). 물질이 존재한다고 가정하기 시작하면 골치 아플 뿐이다.

우리의 감각 경험으로는 물질의 존재가 보장이 안 되는 탓에 회의론으로 빠지기 십상이다. 사과는 우리 마음 밖에 존재하는 물질이 아니다. 그것들은 우리 마음이 직접 지각한 관념들이다. 우리는 지각되는 관념의 존재를 의심할 수 없다. 자기 자신의 아픔이나 간지러움을 의심하는 사람은 아무도 없다. 그 아픔이나 간지러움이 곧 관념이다. 마찬가지로 사과도 관념으로 존재한다면 그것의 존재를 의심할 수 없을 것이다. 이래서 버클리는 회의론에서 벗어나 실재론을 구하는 것이다.

여기서 데카르트의 "나는 생각한다. 고로 나는 존재한다"만큼
유명한 버클리의 주장이 나온다.

존재하는 것은 지각되는 것이다(esse est percipi).

　세상은 지각되는 한도 내에서 존재하는 것이다. 세상은 나의 관
념 속에만 있다. 축구장에 직접 가지 못하는 사람들은 월드컵 축
구 경기를 집에서 TV 화면으로 본다. 버클리 입장에서 보자면 이
화면이 곧 세상이다. 화면으로 중계되는 실제 축구 경기는 없다.
우리는 오직 화면으로만 볼 수 있다. 그런데 그게 곧 세상이다.
　존재는 지각되는 것이라면 세상은 나에게 지각될 때만 존재할
것이다. 사과는 내가 볼 때만 존재한다. 그것도 독립적인 외부
세계에 사과가 있는 것이 아니라 내가 지각하는 시각 경험, 촉각
경험 등으로만 존재한다. 버클리는 그것을 지각의 다발^{bundle}이라
고 말한다.
　그렇다면 사과는 내가 지각하고 있지 않는 동안에는 존재하지
않는다는 이상한 결론이 나온다. 예전 코미디 프로에서 영구가
"영구 없다"라고 말하면서 얼굴을 내밀었다 숨겼다 했던 것처럼
사과는 내가 보고 있으면 존재하고 고개를 돌리면 존재하지 않
는 것이다. 버클리의 TV 화면은 우리가 안 볼 때는 꺼지고 보자

마자 다시 켜진다. 상당히 이상하지만 우리가 아는 것이 거기까지라면 그 결론을 따라야 할 것 같다.

그러나 이 이상한 결론을 따를 사람은 많지 않을 것이다. 유명한 사전 편찬자 새뮤얼 존슨^{Samuel Johnson, 1709~1784}도 이 결론을 쉽게 받아들일 수 없어서 나름대로 멋있게 반박했다. 어떻게? 길가의 돌멩이를 발로 차면서 "이래도 돌멩이가 없니?"라고 말했다고 한다(이 새뮤얼 존슨을 컬럼비아 대학의 총장이었으며 버클리에게 영향을 많이 받은 새뮤얼 존슨^{1696~1772}과 헷갈리는 사람이 많다).

그런데 아쉽게도 존슨은 버클리를 완전히 이해하지 못했다. 존슨이 돌멩이를 찬 것은 맞다. 엄청 아팠을 것이다. 그러나 버클리의 입장에서 보면 존재하는 것은 돌멩이의 시각 경험, 돌멩이와 부딪칠 때의 촉각 경험, 그 후 뒤따르는 통각 경험뿐이다. 그 관념들을 넘어서서 외부 세계에 돌멩이가 존재한다는 것을 어떻게 아는가?

버클리도 세상이 우리가 지각할 때만 존재한다는 것을 어떻게든 설명해야 했다. 우리가 보지 않을 때는 사과가 없다는 것은 아무리 생각해도 이상하다. 우리가 보지 않을 때는 사과가 존재하지 않는 것일까? 우리가 알기로는 이 세계는 꽤나 규칙적이고 질서가 있다. 어떻게 사과가 있다가 없다가 할까? 여러분이 버클리라면 어떻게 했을까? 사과는 있다가 없다가 한다는 결론을 그냥 받아들였을까, 아니면 다른 방안을 내놓았을까? 책을 덮고 한번 생각해보라(힌트 : 버클리는 주교다).

◆◆
버클리는 세상은 우리가 지각할 뿐만 아니라 신이 항상 지각하고 있기 때문에 우리가 지각하지 않는 동
안에도 계속해서 존재한다고 말한다.

버클리는 바로 신을 끌어들여 그 문제를 해결한다. 신이 내려다보고 계시니까 세상의 존재에 대해 걱정할 필요가 없다. 세상은 우리가 지각할 뿐만 아니라 신이 항상 지각하고 있기 때문에 우리가 지각하지 않는 동안에도 계속해서 존재하는 것이다. 신은 세상이 계속적으로 존재하게 하는 역할을 할 뿐만 아니라 관념이 생기는 원인을 설명해주기도 한다. 나에게 사과의 관념이 생겼다. 표상적 실재론자들 같으면 외부 세계에 사과가 있기 때문에 그 관념(표상)이 생겼다고 말하면 된다. 그런데 우리와 독립된 외부 세계를 인정하지 않는 버클리는 이 관념이 왜 생겼다고 말해야 할까? 그리고 사과에 대한 내 관념과 친구의 관념이 같은 것을 어떻게 설명할 수 있을까? 바로 신이 그 관념들의 원인이라고 말한다. 비유하자면 누가 보든 TV에 똑같은 화면이 나오는 것은 신이 TV 프로그램을 보내주기 때문이다.

◆◆ 버클리 주교와 상담하세요!

Q. 주교님! 회사에 보기 싫은 사람이 있습니다. 어떻게 하면 좋지요? _고민녀

A. 고민녀께. 보기 싫으세요? 그럼 눈을 감으세요. 깨끗이 사라집니다. 참, 신에게도 기도하세요. 눈을 감아달라고요. _버클리 주교

이렇게 해서 버클리는 회의론과 무신론을 동시에 해결하고 있다. 그러나 대상들이 관념으로서 존재한다는 주장을 회의론에서 벗어났다고 인정하기는 힘들다. 버클리는 회의론이 '감각할 수 있는 것들의 실재를 부정하거나 전혀 모르겠다고 고백하는' 입장이라고 말한다. 하지만 다른 철학자들이 생각하는 회의론은 '마음과 독립적으로 존재하는 실재를 부정하거나 전혀 모르겠다고 고백하는' 입장이다. 이 기준에서 보자면 버클리의 관념론은 분명히 회의론이다. 그리고 현대의 철학자들도 그의 입장을 반실재론으로 분류한다. 버클리의 실재론은 무늬만 실재론인 것이다.

한편 나에게 주어지는 경험만을 믿는 엄격한 경험론자인 버클리가 어떻게 신의 존재는 입증할 수 있을까? 마음과 독립적인 물질의 존재도 받아들이지 않는 그가 신은 어떻게 받아들일까? 많은 사람들이 세상의 존재는 받아들이지만 신의 존재는 받아들이지 않는다. 그 사람들을 어떻게 설득할 수 있을까? 버클리에게 신이 없었다면 더 철저하고 일관된 철학자로 남았을 것이다.

신을 끌어들였든 그렇지 않았든 버클리가 회의론을 말끔하게 해소한 것 같지는 않다. 그에게서 진짜 관념과 가짜 관념이 구분되지 않기 때문이다. 그가 아무리 존재하는 것은 지각되는 것이라고 말해도 현실에서의 지각과 꿈에서의 지각은 구분할 수 있어야 한다. 《세 가지 대화》의 셋째 대화에서 하일러스는 이것을 알고 필로누스에게 묻는다. 필로누스는 대답한다.

> 상상력에 의해 형성된 관념들은 희미하고 불분명하네. 게다가
> 그것들은 의지에 완전히 종속되어 있네. …… 그리고 그것들
> 이 아무리 우연히 생생하고 자연적인 것으로 드러난다고 할지
> 라도, 우리 삶의 앞의 사건들 및 그 후속의 사건들과 통일적으
> 로 연결되어 있지 않기 때문에, 그것들은 실재들과 쉽게 구별
> 될 수 있네.

버클리가 보기에 진짜 관념은 가짜 관념에 비해 생생하고 우
리 의지와 상관없고 다른 관념들과 관련되어 있다는 것이다. 가
령 사과로부터 달디단 냄새를 맡았다면 그 맛도 달아야 한다. 하
지만 꿈에서라면 냄새는 단데 맛은 쓸 수도 있다. 그러나 〈매트
릭스〉에서 매트릭스 안에서의 경험이나 〈토탈 리콜〉에서 조작된
기억들을 생각해보라. 그것들은 충분히 생생하고 우리 의지와
전혀 상관없이 일어나며 다른 관념들과 잘 관련되어 있다. 어떻
게 진짜 관념과 가짜 관념을 구분할 수 있다는 말인가?

경험론의 원칙을 철저하게 밀고 나가면 회의론을 받아들일 수
밖에 없다고 솔직하게 인정한 철학자가 버클리의 뒤를 이은 경
험론자 흄이다. 감각 경험 외에는 아무것도 믿을 수 없다고 말하
는 그는 완벽한 회의론자의 길을 걷는다.

흄은 우리는 오직 감각 경험에 의해 주어진 것만 알 수 있으므

로 감각 경험을 넘어서 외부 세계에 대해 어떤 것도 알 수 없다고 주장한다. 그에게 확실한 것은 대상에 대한 감각 경험, 그의 용어로는 감각 인상impression of sensation 뿐이다. 그런데 인상을 넘어서 그 대상 자체가 존재한다고 믿으려면 대상이 인상의 원인이 된다고 추론해내야 하지만 우리는 감각이 아닌 어떤 것도 경험하지 못한다. 따라서 대상의 존재에 대한 믿음은 정당화되지 못하는 것이다. 흄은 이런 회의적인 시각을 구체적으로 자아·인과·귀납·신에 적용해 이것들에 대한 지식을 완전히 부정한다.

같은 경험론자면서도 로크는 감각 경험이 외부 세계를 표상한다고 생각했고, 버클리는 감각 경험이 곧 실재라고 생각하고 신을 끌어들여 철저한 경험론자가 되지 못했다. 반면에 흄은 감각 경험 외에는 알 수 없다는 신조를 끝까지 지켜 회의론자로 남은 것이다. 재치 있는 말을 많이 남긴 사람으로 유명한 19세기 영국의 성직자 스미스Sydney Smith, 1771~1845는 다음과 같이 말했다.

> 버클리 주교는 한 옥타브의 소리로 세계를 파괴했고, 그의 후대에는 마음 외에는 남은 것이 아무것도 없었다. 1737년에 흄 선생의 손에 의해 똑같은 운명을 겪게 된다. 이제는 파괴하고 싶어도 파괴할 어떤 것도 남아 있지 않다.

사실 버클리에서 신만 빼면 그게 곧 흄의 철학이 된다. 버클리는 회의론까지 다 간 셈이다.

20세기 초반에 버클리와 흄의 철학을 이어간 철학자들을 현상론자라고 한다. 감각 경험을 현상이라고 하고 우리와 독립적인 대상을 본질이라고 할 때, 이들은 확실한 지식은 현상에 대한 지식밖에 없다고 주장한다. 그들에 따르면 물리적 대상이나 과학적 대상에 대한 지식은 현상에 대한 지식으로부터 정의된다. 밀^{John S. Mill, 1806~1873}과 에어^{Alfred J. Ayer, 1910~1989}가 대표적인 현상론자다.

버클리도 흄도 현상론자도 상식의 견해와는 맞지 않는다. 그러나 철학의 임무가 상식을 보존하는 것은 아니다. 어떤 과학 이론이 상식과 어긋난다고 해서 잘못된 이론이라고 주장하지는 않는다. 마찬가지로 철학 이론의 장점과 결점도 상식과 부합하느냐에 따라 판단할 것이 아니라 다른 확립된 이론과 충돌하지 않는가, 충돌한다면 더 그럴듯하게 설명해낼 수 있는가, 그 이론 내부에 모순은 없는가 등에 따라 판단해야 할 것이다.

그래서 누가
회의론자인가?

인식론이란 주제와 함께 시작한 긴 여행을 마칠 시간이다. 사실
인식론자들의 물음은 우리가 일상생활에서 흔히 묻는 물음이다.

"너 그거 어떻게 아니?"

이 물음에 대해 여러 가지 대답이 가능하다.

"내 눈으로 똑똑히 봤어."

"그건 상식 아냐?"

"인터넷에 나오던데."

"선생님께서 말씀해주셨어."

"내가 알고 있는 것에서는 그런 결론이 나와."

가장 솔직한 대답은 이것이다.

(짜증 섞인 목소리로) "그냥 아는 거지."

우리는 이 책에서 어떤 대답도 만족스럽지 못하다는 것을 보

왔다. 내 눈으로 본 것이 잘못된 것일 수 있으며 아무리 권위 있는 사람들도 실수할 수 있다. 더 나아가 우리가 알고 있는 모든 것이 꿈에 불과하거나 전지전능한 악마에게 속고 있다는 것을 부정할 수가 없다.

이런 회의의 방법을 우리에게 알려준 철학자가 데카르트다. 비록 회의론자는 아니지만 그의 꿈의 논증과 전지전능한 악마의 논증은 워낙 유명하고 영향력이 커서 이 논증들을 이용한 회의론을 데카르트적 회의론이라고 부른다. 그리고 전지전능한 악마를 데카르트의 악마라고도 부른다. 내가 현재 분명히 안다고 생각하는 지식이 꿈을 꾸고 있을 때 얻은 지식 또는 전지전능한 악마가 나를 속여서 생긴 지식과 구별할 수 없다는 것이 데카르트적 회의론의 내용이다.

전지전능한 악마 논증은 통 속의 뇌 논증으로 현대까지 이어져 오고 있다. 전지전능한 악마는 별로 가능할 것 같지 않지만 통 속의 뇌는 컴퓨터의 발전으로 훨씬 더 그럴듯해 보인다. 실제로 〈매트릭스〉나 〈토탈 리콜〉 같은 SF 영화들이 그 가능성을 보여주고 있음을 우리는 이미 살펴보았다. 나는 내가 통 속의 뇌가 아님을 확신할 수 없다. 이 세상이 정말로 있고 내 눈으로 보고 내 손으로 느끼는 것인지, 아니면 통 속의 뇌와 연결된 컴퓨터가 그렇게 믿도록 전기 자극을 준 것인지 나는 알 수가 없다. 사실 데카르트에게는 회의론을 비판하려는 의도가 전혀 없었다. 다만 회의론을 디딤돌 삼아 확실한 지식을 찾으려고 했을 뿐이다. 의심이라는 담금질을 거친 지식은 더욱 확고한 지식이 된다고 생각했기 때문이다. 그러나 담금질이 너무 셌나? 그의 확실한 지식은 부러지고 말았다. 그렇다고 해서 데카르트는 아쉬워할 필요가 없다. 방법적 회의라는 훌륭한 철학적 방법을 우리에게 선사했기 때문이다. 데카르트는 회의론자가 아니면서도 회의론자의 명예의 전당에 가장 먼저 오를 인물이다.

데카르트와 달리 버클리에게는 처음부터 회의론과 무신론을 반대하려는 목적이 분명히 있었다. 그러나 그 결과 나온 이론은 회의론 못지않게 받아들이기 힘든 비물질론이다. 서양 사람들은 이런 경우를 "프라이팬에서 뛰쳐나왔더니 불속으로 들어갔다"고 말할 것이다. 우리말로 하면 혹 떼려다 혹 붙인 격이라고 할까. 그러나 버클리에게는 비물질론이 불도 혹도 아닐 것이다. 모든 편견을 버리고 차가운 철학적 이성으로 도달한 지점이 그곳이니까.

버클리는 외부 세계의 존재를 부정하지 않았다. 하지만 물질로서의 존재는 분명히 부정했다. 그리고 철학적 회의론의 가장 중요한 주장은 외부 세계가 물질로서 존재하는 것을 알 수 없다는 것이다. 때문에 버클리의 입장은 그의 의도와 달리 쉽게 회의론으로 분류될 수 있다.

어떻게 생각해보면 통 속의 뇌를 가장 잘 보여주는 이론은 버클리의 관념론인 것 같다. 통 속의 뇌는 컴퓨터가 보내주는 전기 자극만을 느낀다. 그런데 버클리에게서는 관념이 지각의 대상이다. 따라서 뇌가 느끼는 전기 자극이 버클리의 관념에 해당한다. 버클리에게서는 외부 세계의 물질이란 없으므로 관념은 물질에 의해 촉발되는 것이 아니다. 관념의 원인은 다름 아닌 신이었다. 통 속의 뇌가 느끼는 전기 자극은 어떻게 생겼는가? 컴퓨터가 만들어낸 것이다. 그렇다면 버클리의 신은 통 속의 뇌를 조정하는 컴퓨터에 해당한다. 따지고 보면 현대 사회에서는 컴퓨터가 신 아닌가? 모든 생활의 중심이 되는 컴퓨터가 없으면 몹시 불편하다. 아직은 아니지만 언젠가는 모든 일을 해낼 수 있는 신과 같은 존재가 될 것이다.

데카르트와 버클리는 지금으로부터 300~400년 전의 철학자들이다. 그러나 상당히 현대적인 철학자들이라는 것을 짐작할 수 있다. 데카르트는 통 속의 뇌를 생각해내고, 버클리는 통 속의 뇌에 딱 들어맞는 이론을 내놓았으니까. 그들의 의도와 달리 그들은 진정한 회의론자인지도 모른다.

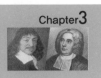

Chapter 3

René Descartes

대화

TALKING

George Berkeley

철학자들의
엽기발랄 채팅방

방원 정보			

[방장] cogito ergo sum님
데카르트

esse est percipi님
버클리

앙팡 테리블님
흄

---

esse est percipi님이 대화방에 입장하셨습니다.

🙂 esse est percipi 데카르트님, 방가방가!

😎 cogito ergo sum 누구지? 대화명을 보니까 버클리 주교구먼.

🙂 esse est percipi 빙고! 잘 지내십니까?

😎 cogito ergo sum 그래. 근데 요즘은 라틴어로 대화명을 짓는 게 유행인가?

☺ esse est percipi   데카르트님도 대화명이 라틴어잖아요?

🗿 cogito ergo sum   우리 때만 해도 라틴어로 책을 썼고, 그리고 나는 'cogito ergo sum'(나는 생각한다. 고로 나는 존재한다)라는 말로 유명하니까.

☺ esse est percipi   저를 대표하는 말은 'esse est percipi'(존재하는 것은 지각되는 것이다)죠. 근데 좀 억울해요. 저는 'esse est percipi'란 말을 하지 않았어요. - -;;

cogito ergo sum님이 대화명을 '데카르트'로 바꿨습니다.

🗿 데카르트   정말로?

☺ esse est percipi   'their esse is percipi'라고 했어요.

🗿 데카르트   난 또. 그게 그거 아냐? 그런 식으로 말하면 진짜 억울한 사람은 로크야. 그 친구는 'tabula rasa'('매끈하게 다듬은 판'이라는 라틴어. 정신의 본래 상태는 '백지'임을 가리키는 경험론자들의 용어)란 말을 안 했는데 온갖 철학책들이 그 친구가 한 말이라고 쓰고 있잖아.

esse est percipi님이 대화명을 '버클리'로 바꿨습니다.

☺ 버클리   그래요. 로크님은 그냥 white paper라고만 했고 'tabula rasa'는 라이프니츠님이 한 말인데 세상 사람들은 로크님이 한 말로 알고 있어요.

🗿 데카르트   우리 철학자들은 너무 억울해. 하지도 않은 말로 욕을

얻어먹는단 말이야.

버클리   그러게 말이에요. 요즘 정치인들은 한 말도 안 했다고 우기는
데 우리는 안 한 말까지 책임져야 하니……. ㅠㅠ

데카르트   맞아…… 나도 억울한 게 있어.

버클리   데카르트님도요?

데카르트   응. 나는 분명히 회의론자가 아닌데, 아 글쎄 요즘 철학자들은
회의론자들을 Cartesian Skeptics, 그러니까 데카르트적 회
의론자라고 부르잖아. 회의론에 내 이름이 왜 붙어?

버클리   데카르트 회의론이 아니라, 데카르트적 회의론이잖아요?

데카르트   그래도 내 이름이 붙잖아!

버클리   그러게 뭐 하러 의심은 하세요?

데카르트   나도 잘해보려고 그런 거지, 이렇게 될 줄 알았나.

버클리   그래도 저보다는 덜해요. 저는 더 억울한 것이 있어요.

데카르트   또 뭔데?

버클리   사람들이 저보고 관념론자, 그러니까 idealist라고 하지 뭐예요.

데카르트   관념론자 아녔어? 나도 그렇게 알고 있는데.

버클리   아니, 데카르트님까지? ㅠ.ㅠ 저는 관념론이란 말을 쓴 적이
없어요. 비물질론, 그러니까 immaterialism이란 말을 했죠.

데카르트   그게 그거 아닌가? 관념론이나 비물질론이나 똑같지. 넘어지
나 엎어지나 자빠지나 잦혀지나 매한가지 아녀.

버클리   우씨, 제 말을 잘 들어보세요. 데카르트님께서 실체를 정신과
물질 두 가지로 나눴잖아요.

데카르트 그랬지. 서양 사람들은 지금도 정신과 물질은 별개라고 생각하던데 그게 다 나 때문이지.

버클리 에이, 꼭 데카르트님 때문이라고 할 수는 없죠~. 그거야 플라톤님이 진작에 주장한 거고, 그리고 무엇보다도 기독교의 영향이 크죠.

데카르트 그래도 실체가 정신과 물질 두 가지라고 분명하게 말한 사람은 나야!

버클리 아, 인정할게요. 근데 지금 뭔 이야기 하고 있었죠?

데카르트 자네가 관념론자가 아니라는 말 하고 있었잖아.

버클리 맞아, 맞아!! 저는 그러니까, 음…… 여기 마우스가 있네요. 저는 이 마우스가 있다는 것을 부정하지 않았어요.

데카르트 우리가 살던 때는 마우스는 없었어. 나는 마우스가 있다는 것을 인정 못 해. ㅋㅋ

버클리 썰렁해요. 우린 지금 지식인마을에 모여 살잖아요.

데카르트 썰렁했나? 음, 계속해봐.

버클리 저는 마우스가 있다는 것을 부정하는 것이 아니라, 단지 그 마우스가 물질로 되어 있다는 것을 부정한 것뿐이에요.

데카르트 이 마우스는 아마 플라스틱으로 되어 있을걸?

버클리 ABS수지일걸요. 아크릴로니트릴·부타디엔·스티렌으로 이뤄진 합성수지죠.

데카르트 그게 뭔데? 어쨌든 그건 물질이지? 공간을 차지하고 있고, 생각은 못 하지.

버클리 그게 공간을 차지하고 있는지 어떻게 아세요?

데카르트 내 눈에 보이잖아. 손으로 만질 수도 있고. 내 마우스는 내 손에 착착 달라붙어. 자네도 이걸로 바꿔봐. 지식인마을 쇼핑몰에서 세일해.

버클리 지금 무슨 말씀하세요?…… 어쨌든 눈으로 보고 손으로 만진 것은 지각하는 거죠. 그 지각으로부터 그것이 공간을 차지하며 존재하고 있다고 생각하는 거 아닙니까? 그걸 어떻게 알죠?

데카르트 내 이성으로 알지. 그건 명석 판명한 거야.

버클리 그건 데카르트님 생각일 뿐이죠. 저한테 명석 판명한 것은 지각밖에 없습니다.

데카르트 나는 아닌데……. 뭐, 그렇다고 해두지. 그런데 그 지각의 대상은 관념 아닌가? 자네가 설명하는 관념의 의미에서는 이 마우스도 **관념의 모음**이라고 할 수 있지 않겠나?

버클리 사람들이 그래서 저를 관념론자라고 하는 모양인데, 제가 말하는 관념은 마음 안에 있는 것이 아니에요. 마음에 의해 만들어진 거죠.

데카르트 그럼 마음 밖에 있다는 건가?

버클리 역시 데카르트님은 저를 잘 이해하십니다. 사람들이 관념론자라고 할 때의 관념과 저의 관념은 달라요.

데카르트 그러니까 정리해보면, 이 마우스는 물질은 아니고 마음에 의해 만들어진 관념인데, 이 관념은 마음 안에 있는 것은 아니라는 거지?

버클리 네. 그러니까 다른 철학자들이 쓰는 관념이란 말로 절 관념론자라고 부르면 안 되죠. 그냥 비물질론자라고 불러주세요.

데카르트 관념이 어디 있든 관념은 관념이지. 괜히 특이하게 보이려고 그러지?

버클리 우씨…….

데카르트 자네 이야기 들어보니까 퍼스Charles S. Peirce, 1839~1914가 생각나네.

버클리 실용주의자 퍼스님이요?

데카르트 그래. 퍼스는 자신의 실용주의를 프래그머티즘pragmatism이 아니라 프래그머티시즘pragmaticism이라고 불러.

버클리 특이하네요.

데카르트 왜 그런지 아나? 못생긴 아이는 유괴해 가지 않는 것처럼 자신의 이론에 독특한 이름을 붙이면 아무도 비판하지 않을 거라는 거야.

버클리 한국 사람들하고 똑같네. 한국 사람들은 아이 이름이 예쁘면 귀신이 잡아간다고 개똥이, 쇠똥이 등으로 부르거든요. 어쨌든 웃겨요. 그런다고 비판 안 받았나.

데카르트 너나 잘하세요! 자네도 만만치 않아.

버클리 그래도 제가 불러달란 대로 불러주세요.

데카르트 그건 희망 사항일 뿐이지. ^^ idealist에는 관념론자라는 뜻 말고 이상론자라는 뜻도 있는데 자넨 이상론자네.

버클리 우씨…….

데카르트 그나저나 우리 지식인마을도 인터넷 덕분에 채팅방이란 데서 자유롭게 대화를 할 수 있게 됐어. 세상 참 좋아졌지?

버클리 글쎄 말입니다. 이제 제가 주장한 것이 옳다는 걸 사람들이 확인할 수 있을 겁니다.

데카르트 무슨 소린가?

버클리	물질 없이 정신만 있는 것이 어떻게 가능한지 인터넷이 보여주는 거죠. 인터넷에서는 실제 대상이 없어도 모든 것이 가능하지 않습니까?
데카르트	인터넷에서는 정신만 왔다 갔다 한다고?
버클리	그게 아니고요. 우리도 실제 몸뚱이는 없지만 인터넷에서는 가상공간을 만들어 이렇게 대화도 주고받고 있지 않습니까? 그리고 가상현실을 보세요. 진짜 비행기 없이도 비행기 조종 연습을 할 수 있고 진짜 사람 없이 스포츠도 할 수 있잖아요.
데카르트	아직 기술이 그렇게까지는 발전하지 않았어.
버클리	금방 될 거예요. 어쨌든 진짜 대상 없이도 존재가 가능하지 않습니까?
데카르트	자네는 가상현실의 존재가 관념이라고 생각하는 모양인데 그것도 물질이야. 비트(bit)의 조합인 물질이지.
버클리	비유하자면 그렇다 이거죠. 전통적인 물질관을 부정하는 사례가 될 수 있어요.

앙팡 테리블님이 대화방에 입장하셨습니다.

◆◆ 앙팡 테리블

소프랑스의 작가 장 콕토(Jean Cocteau, 1889~1963)의 소설 『무서운 아이들Les Enfants Terribles』(1929)의 제목에서 비롯된 말로 '무서운 아이', '조숙한 아이'를 뜻한다.

🗣 앙팡 테리블   그럼 컴퓨터는 버클리 주교님의 신에 해당하겠네요.

😊 버클리   깜짝! 넌 누구냐?

😎 데카르트   새로 나온 우유 이름인가?

🗣 앙팡 테리블   -_-;

😎 데카르트   무슨 뜻이야?

🗣 앙팡 테리블   썰렁하다고요. 헤헤, 저 흄이에요.

😎 데카르트   누구라고? 흄이라고? 태권브이 조종하는 훈이?

😊 버클리   역시 쉰세대야……. 안녕, 흄이구나. 데카르트님, 왜 아시잖아요? 스코틀랜드 출신 데이비드 흄요.

🗣 앙팡 테리블   다들 안녕하세요?

앙팡 테리블님이 대화명을 '흄'으로 바꿨습니다.

😎 데카르트   그래. 너도 잘 지내지?

🗣 흄   네.

😊 버클리   근데 아까 그건 뭔 소리니?

🗣 흄   주교님한테는 신이 없으면 산도 강도 모두 없게 되잖아요. 근데 가상현실도 컴퓨터가 없으면 존재하지 않으니까요.

😊 버클리   그러네.

🗣 흄   가상현실은 컴퓨터 없이 존재해야 그 자체로 독립적인 현실이라고 부를 수 있어요. 안 그러면 컴퓨터가 만들어낸 영상에 불과

하죠.

버클리　그런데?

흄　컴퓨터 없는 가상현실이라면 우리 같은 경험론자들에게는 딱 좋은 비유라는 거죠.

버클리　신이 지켜봐야 세상이 계속 존재하는 것처럼 컴퓨터가 계속 작동해야 가상현실도 존재하는 거야.

흄　주교님, 경험론자 맞아요? 경험론자에게 신이 왜 필요해요? 경험할 수 있어요? 지각이 돼요?

버클리　이놈아! 난 관념론자란 말도 안 했지만 경험론자라는 말은 더더욱 안 했어. 그리고 난 무신론과 회의론에서 벗어나기 위해 비물질주의를 내세운 거야. 알간?

흄　경험론자라고는 말씀 안 하셨지만 저처럼 우리의 모든 관념은 경험에서 나온다고 생각하시잖아요.

버클리　나도 그렇게 주장하지…….

흄　그럼 그 원칙을 끝까지 밀고 나갔어야죠. 잘 나가시다가 마지막에서 그만 신념이 꺾이고 마셨어요.

버클리　그래도 나는 로크님보다는 많이 나갔어. 시대의 한계라고 생각해줘. 그리고 난 주교잖아. ;;

데카르트　^^ 버클리 주교 되게 혼나네.

버클리　제가 이 말은 안 하려고 했는데 흄의 철학은 제 것을 그대로 베낀 거예요. 신만 빼고.

흄　같은 편끼리 뭐 그러세요~. --;

데카르트　버클리 주교도 안 지네. ^^

흄 　데카르트님한테도 할 말이 있어요.

데카르트 　나한테도? 와우, 무셔~.

흄 　생각한다는 것이 가장 확실하다는 것은 이해하겠어요.

데카르트 　그런데?

흄 　확실한 것을 찾았으면 좀더 밀고 나가셨어야죠. 생각하는 내가 꼭 있어야 하나요?

데카르트 　그럼 누가 생각하니?

흄 　물론 내가 생각하죠. 근데 그 생각하는 '나'가 계속해서 똑같은 사람이라는 것이 확실한가요?

데카르트 　그럼 같은 생각을 내가 했다가 네가 했다가 그런다는 거니?

흄 　그걸 부정할 수 없다는 겁니다. 같은 내가 계속 생각한다는 것이 확실한가요?

데카르트 　생각에는 주체가 있어야 하고 그 주체는 당연히 같아야…….

흄 　그 주체가 매번 같아야 한다는 확실한 보장은 없어요. 그리고 데카르트님이 한국어로 철학을 했으면 그 생각의 주체도 꼭 있어야 한다는 생각은 안 했을 거예요.

데카르트 　왜?

흄 　한국어에서는 주어가 꼭 필요 없거든요. 그냥 '생각한다'고만 하면 되지, 'ㅇㅇ가 생각한다'고 말할 필요 없거든요.

버클리 　희한한 언어네.

흄 　한국 사람한테는 서양 언어가 희한할걸요.

데카르트 　그래도 생각의 주체는 있겠지. 언어로 표현을 안 할 뿐이지.

😐 흄 　　　　　　그 주체가 꼭 같은 사람이어야 하나요?

😑 데카르트 　　　　네가 지금 생각한다고 해봐.

😐 흄 　　　　　　그래요. '나는 생각한다.'

😶 self는 없다 　　나도 생각한다.

😶 induction은 없다 　나도 생각한다.

😶 God는 없다 　　나도 생각한다.

😊 버클리 　　　　　허걱! 이게 뭐야? 이 채팅방에 갑자기 손님이 많아졌
　　　　　　　　　어!!

😐 흄 　　　　　　ㅋㅋ 순간순간 다른 사람이 "나는 생각한다"라고 말할
　　　　　　　　　수 있다는 것을 보여준 것뿐이에요.

😑 데카르트 　　　　모두 다른 사람이야? 아님 모두 다 흄이야?

😐 흄 　　　　　　인터넷에서는 다중 자아가 가능해요. ㅋㅋ 여러 명의
　　　　　　　　　'나'가 가능하죠.

😊 버클리 　　　　　아이디를 여러 개 만들었군. 끙. ㄴ(－_－;)ㄴ

😐 흄 　　　　　　인터넷은 버클리님의 철학보다는 저의 철학을 더 잘
　　　　　　　　　보여줘요.

😊 버클리 　　　　　…… 아냐, 나야!

😐 흄 　　　　　　제가 지금까지 흄인 줄 알았죠? 흄 아닌데!!

😑 데카르트 　　　　버클리 주교! 이게 지금 어떻게 된 거야?

😊 버클리 　　　　　저도 잘 모르겠어요. ?.? 어리둥절.

😐 흄 　　　　　　또 속았죠? 저 흄 맞아요. 인터넷에서 확실한 것은 아
　　　　　　　　　무것도 없어요. 하하.

🙂 버클리　　　정말 '앙팡 테리블'이군.

😑 데카르트　　요즘 애들은 너무 버릇없어.

데카르트님이 나가셨습니다.

버클리님이 나가셨습니다.

😐 흄　　　　　..................???

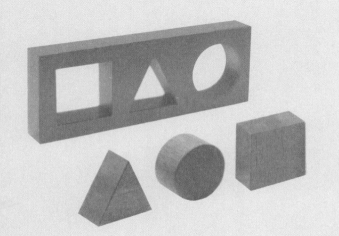

René Descartes

ISSUE

George Berkeley

지식은 경험에서 오는가,
이성에서 오는가?

합리론과 경험론은 지식의 근원에 대한 이론들이다.

- 나의 앎은 어디에서 생기는가?
- 나는 어떻게 아는가?
- 내 앎이 확실한 거라면 무엇 때문에 그런가?

서양에서 이런 인식론의 물음들이 본격적으로 나타난 때는 데카르트에서 시작되는 근세다.

무엇인가를 안다고 생각하는 사람은 자신의 믿음이 참이며 믿을 만하다는 확신을 가지고 있다. "그렇게 생각하기는 하지만 확실하지는 않아"라고 말하면 모를까, "나는 알기는 하지만 확실하지는 않아"라고 말하는 것은 어딘가 이상하다. 분명히 지식에는 확실성이 포함되어 있다. 따라서 지식의 근원을 찾는다고 할 때는 그냥 근원을 찾는 것이 아니라 확실성의 근원을 찾아야 한다.

이 점에서는 경험론보다는 합리론이 더 유리한 출발을 할 것 같다. 감각 경험에 의존해서 외부 세계에 대한 지식을 얻는다고 할 때 감각 경험에는 아무리 조심한다고 해도 언제나 실수의 위험이 도사리고 있기 때문이다. 우리가 확실하게 알 수 있는 것으로는 무엇이 있을까? 아마도 '내가 존재한다'는 지식이나, 수학 또는 논리학의 지식 정도가 실수의 가능성이 적은 확실한 지식일 것이다. 그런데 이런 지식들은 감각 경험에 의해서 생기는 것이 아니다. 바로 합리적이라고 생각되는 우리의 이성에 의해서 생기는 것이다. 이렇게 합리론자들은 이성에 의해 얻은 지식이 가장 확실하며, 따라서 다른 모든 지식이 그 지식에 토대를 두고 형성되어야 한다고 생각한다.

합리론자의 주장

주장하는 것은 아니다. 또 지식을 얻을 때 감각 경험이 아무런 구실도 못 한다고 주장하는 것도 아니다. 아무리 엄격한 합리론자라도 까마귀는 검다거나 2002년에 한국에서 월드컵이 열렸다는 지식이 이성의 힘만으로 생긴다고 생각하지는 않는다.

합리론자들이 주장하는 것은 우리의 지식들 중 일부는, 그리고 아마도 가장 중요한 지식들은 감각 경험과 독립된 이성에 의해 알려진다는 것이다.

서양의 근세 인식론에서 이성의 힘을 강조한 최초의 철학자는 데카르트다. 그는 수학의 지식을 모든 지식의 근원이 되는 확실한 지식으로 인정했을 뿐만 아니라, 수학의 방법을 철학의 모형으로 삼았다. 즉 철학이 수학의 방법을 모방함으로써 확실한 토대 위에 재구성될 수 있고 철학의 지식도 확실성을 얻을 수 있다고 생각했다.

이때 데카르트가 염두에 둔 수학은 기하학이다. 기하학은 공리公理에서 시작한다. 여기에 공준들이 덧붙여지고, 공리와 공준들로부터 우리가 증명하고 싶은 정리들을 증명해낼 수 있다. 이때 증명의 결론이 확실함은 전제들, 곧 공리와 공준 들이 보장해주는데, 이렇게 전제들로부터 결론의 확실성이 따라 나오는 관계를 연역적인 증명이라고 한다. 그러면 일단 전제들의 확실성이 먼저 보장되어 있어야 할 것이다. 실제로 기하학에서 공리들은 너무 당연해서 증명될 수 없는 것, 곧 자명한 것으로 알려져 있다.

데카르트는 기하학을 통해 자명한 공리로부터 연역적으로 정리들을 증명하는 방법을 배워 철학의 모형으로 삼고 있다. 철학에서도 자명한 진리를 찾아, 거기에 토대를 두고 철학 전체를 세우려고 하는 것이다. 데카르트의 이런 방법을 기하학적 방법이라고 부른다. 그리고 여기에 쓰이는 지성의 중요한 두 도구는 직관과 연역이다.

철학에서 직관이라고 말할 때는 다른 무엇의 도움을 받지 않고 어떤 것을 직접 아는 것을 말한다. "사과가 빨갛다"라는 것은 사과의 색깔을 감각을 통해 경험함으로써 알게 되는 것이고, "소크라테스는 죽는다"라는 지식은 "모든 사람은 죽는다. 소크라테스는 사람이다"라는 다른 지식이 매개가 되어 알게 되는 것인데, 간접적 지식과 달리 직관은 감각 경험이나 다른 지식을 거치지 않고 직접 아는 것이다. 철학자들은 "사람은 사람이다" 같은 논리적 진리들은 말할 것도 없고, 종종 "모든 사건에는 원인이 있다", "사람을 이유 없이 죽여서는 안 된다"와 같은 지식도 직관에 의해 알 수 있다고 말한다. 물론 이런 지식들을 자명한 진리라고 생각한다.

데카르트도 모든 지식들의 토대가 되는 직관을 통해 지식을 찾고자 한다. 앞서 회의론을 설명할 때 살펴본 것처럼 나의 모든 믿음은 거짓일 수 있다. 그런데 전지전능한 악마도 속이지 못하는 무엇이 있을 수 있을까? 데카르트는 의심에 의심을 거듭한 끝에 그것을 찾았다. 바로 아무리 속이려고 해도 속임을 당하는 나는 있다는 사실이다. 그러기 때문에 "나는 생각한다. 고로 나는 존재한다"라는 명제는 아무도 의심할 수 없는, 그래서 기하학의 공리와 같은 진리다. 이 명제의 진리는 아무도 부정할 수 없고 명석 판명하다.

그러나 데카르트는 이 명제만이 우리의 확실한 지식이라고 생각하지 않는다. 이 자명한 진리에서 다른 지식들을 연역적으로 도출해낸다. 그 때문에 우리는 확실성을 잃지 않고 우리의 지식을 넓혀갈 수 있는 것이다.

합리론은 영어로 'rationalism'이라고 한다. rational은 '합리적'이라는 뜻도 있지만 '이성적'이라는 뜻도 있다. 수학에서 유리수를 'rational number'라고 하고 무리수는 'irrational number'라고 하는데 수에 이성이 있거나 없을 수가 있을까? 이때 rational은 비율로 나타낼 수 있다는 뜻이다. 곧 유리수는 두 정수의 비로 나타낼 수 있는 수를 말하고 무리수는 그럴 수 없는 수를 말한다. rationalism을 합리론이라고 번역하면 합리론과 쌍벽을 이루는 경험론은 비합리적인 이론처럼 생각이 된다. 경험론자들은 자신들의 이론이 더 합리적이라고 생각할 텐데 말이다. 그래서 요즘은 rationalism을 '이성론'이라고 번역하는 학자들도 있다. 사실 합리론자들이 강조한 것은 합리가 아니라 이성이므로 이 번역이 더 적합한 것 같다. 그렇다고 해서 경험론이 비이성적인 이론이라고 생각해서도 안 된다. 지식의 근원으로서 합리론자들은 이성을, 경험론자들은 경험을 강조했다는 것을 이해한다면 그런 오해는 없을 것이다.

합리론은 데카르트에 이어 스피노자와 라이프니츠로 이어졌다. 경험론 삼총사인 로크, 버클리, 흄이 영국 철학자들인 것과

대조적으로 합리론 삼총사들은 유럽 대륙의 철학자이기에 철학
사에서는 흔히 합리론을 대륙 합리론, 경험론을 영국 경험론이
라고 부른다.

경험론자의 주장

경험론은 지식의 근원이 감각 경험에 있다고 생각하는 이론이라
고 말했다. 나에게 나의 감각 경험보다 더 확실한 것이 어디 있
겠는가? 그것 말고 무엇을 믿겠는가? 경험론은 이런 상식에서
출발한다. 경험론자들이 감각 경험이라고 말하는 것은 보고, 듣
고, 느끼고, 맛보고, 냄새 맡는 오감이다. 따라서 경험론자들이
경험이 지식의 근원이라고 말하는 것은 오감이 우리의 모든 지
식의 토대라는 뜻이다.

> 경험론의 주장은 로크의 '우리 마음은 백지와 같다' 라는 비유에서
> 잘 드러난다. 이 비유는 감각이 주어지기 전에는 마음에 아무것도
> 없다는 것을 표현한 것이다.

경험론자들은 어떤 관념이나 인식 구조가 태어날 때부터 마음
에 새겨져 있다는 생각을 부정한다. 우리가 태어날 때부터 가지
고 있다고 생각되는 관념을 본유 관념이라고 부른다. 로크는 아

주 확실하다고 알려진 본유 관념인 동일률(A는 A이다)과 모순율 (A이면 A가 아닐 수 없다)마저도 보편적으로 동의되지도 않고 어린이들에게는 알려지지 않았다는 이유를 들어 본유 관념 이론을 반박한다. 마음은 태어날 때 깨끗한 백지 상태이며, 오감에 의해서 비로소 무엇인가가 쓰여지는 것이다. 감각은 우리가 무엇인가를 아는 유일한 수단이다.

이에 비해 데카르트를 비롯한 합리론자들은 본유 관념을 지지한다. 로크의 비유를 빌려 말해보자면, 태어날 때의 마음이 백지 상태인 것은 아니다. 또 백지라고 하더라도 특별한 감응 능력이 있는 백지다. 그들은 우리 인식 구조에 특별한 구조가 있어서 내용이 들어오기 전에는 백지 같지만 이미 특별한 성질을 갖춘 백지라고 주장한다.

그런데 로크만 해도 비경험론적인 소질을 지니고 있었다. 그는 물질의 감각을 가능하게 하는 어떤 것이 있다고, 그러나 그것이 무엇인지 모른다고 고백했다. 로크의 뒤를 이어 버클리는 관념만 남겨두고 물질은 완전히 부정하는 관념론적 경향을 보인다. 흄은 여기서 경험론적 원리를 끝까지 밀고 나가 회의론이라는 놀라운 결론에 이르게 된다.

흄은 인간 이성의 모든 대상이 두 종류로 나뉜다고 생각했다. 하나는 관념들의 관계이고 다른 하나는 사실의 내용이다. 관념들의 관계는 순전히 선험적인 지식, 곧 감각에 기대지 않는 지식을 가리킨다. 이것은 관념들 사이의 논리적 관계들을 고찰함으로써 생긴다. 이런 종류의 지식으로는 수학과 논리학의 진리들이 있다. 수학과 논리학의 진리들은 세계에 대한 주장이 아니라 수, 도형, 식, 사고들의 관계에 대한 주장일 뿐이다. 반면에 사실의 내용은 관찰 가능한 세계를 직접 다루며 감각에 의해서 알려진다. 대부분의 상식과 과학의 주장들이 여기에 속한다.

그런데 문제는 우리가 개인적으로 경험하지 않은 것을 어떻게 아느냐는 것이다. 현재의 감각 경험에 의존할 수도 없고 과거의 경험을 기억에서 불러올 수도 없다면 어떻게 세계에 대한 지식을 넓혀갈 수 있겠는가?

흄은 세계에 대한 현재의 우리 경험을 과거 또는 미래의 가능한 경험과 묶어주는 구실을 하는 것이 바로 원인과 결과, 곧 인과 원리라고 생각한다. 우리는 한 번도 보지 못한 까마귀도 검다고 생각한다. 까마귀를 검게 만드는 어떤 원리가 있어서 내가 경험한 까마귀를 넘어 언제 어디서나 똑같이 작동할 것이라고 전제하기 때문이다. 또 해가 아침에 동쪽에서 떠오르는 것을 보고서, 우리가 경험하고 있는 현재뿐만 아니라 미래에도 역시 해가 동쪽에서 떠오르게 하는 인과적 관계가 있다고 생각한다. 곧 인과 원리는 우리의 지식을 가능하게 하는 가장 기본적인 원리다. 왜 우리는 세계가 이렇게 인과적인 관계 속에 있다고 생각하는 걸까? 과거가 현재를 닮았다는 것을, 또 미래가 현재를 닮는다는 것을 어떻게 알까?

관념들의 관계에 해당하는 지식에 대해서는 이런 의문이 쉽게

풀린다. 우리는 "모든 총각은 총각이다"가 내일도 참이라는 것은 쉽게 안다. 그 참이 세계에 대한 감각 경험에 의존하지 않고서도 알려질 수 있기 때문이다. 그러나 사실의 내용에 해당하는 지식들은 상황이 달라진다. 세계가 인과적으로 관련을 맺고 있다는 것을 우리가 증명할 수 있어야 위 의문에 대답이 되기 때문이다. 인과 원리를 어떻게 증명할 수 있겠는가?

흄은 경험론의 원칙에 충실하다면 인과 관계가 존재한다는 것을 증명할 수 없다고 주장한다. 왜냐하면 사건들이 필연적으로 관련되어 있음을 우리가 경험할 수는 없기 때문이다. 우리가 경험할 수 있는 것은 하나의 사건 다음에 또 하나의 사건이 뒤따라온다는 사실뿐이다. 그리고 그런 경험의 결과, 두 사건이 인과적 관계에 있다고 우리 머릿속으로 생각할 뿐이다. 흄은 그런 생각이 가능한 것은 순전히 습관 때문이라고 말한다. 두 사건이 항상 함께 일어나는 것을 보고, 한 사건이 일어날 때마다 다른 사건이 따라 일어날 것이라고 우리는 예측하게 된다. 그러나 이것만으로는 두 사건 사이에 필연적인 인과 관계가 있다는 것을 증명할 수는 없다.

인과 원리는 지식에 필요한 가장 기본적인 원리였다. 감각 경험이 모든 지식의 근원이라고 주장하는 경험론자가 자신의 원칙을 고수한다면 인과 원리를 경험적으로 증명할 수 없다. 그러면 세계에 대한 확실한 지식이란 없게 되고 우리는 결국 회의론에 빠지고 만다.

경험론의 가장 큰 약점은 수학과 논리학의 진리들을 설명할 수 없다는 점이다. 수학과 논리학의 진리들은 아무래도 경험보다는 이성에 의해 파악되는 것으로 여겨지기 때문이다. 그래서 20세기 초반의 논리 경험주의자들은 경험론 철학을 계승하면서 경험적인 관찰이 가능한 주장들과 수학 또는 논리학의 주장들만이 의미 있는 주장이라고 말한다. 카르납[Rudolf Carnap, 1891~1970]과 라이헨바흐[Hans Reichenbach, 1891~1953]가 대표적인 논리 경험주의자들인데, 이들은 흔히 논리 실증주의자라고도 불린다.

한편 논리 경험주의는 철학뿐만 아니라 사회과학에서 행동주의의 토대가 된다. 스키너[Burrhus F. Skinner, 1904~1990]로 대표되는 행동주의는 관찰 가능한 행동에 의해 인간의 행동을 설명한다.

그 후 회의론은
어떻게 되었을까?

회의론은 우리가 무엇인가를 안다는 것을 의심하는 주장을 말한다. 회의나 의심이나 같은 말이다. 그러므로 무엇에 대해서 자꾸 의심하는 사람을 회의론자라고 부를 수 있을 것이다. 회의론의 역사는 고대 그리스의 피론Pyrrhon, BC 360?~270?에게서 시작한다. 그는 사물의 참된 본성을 알 수 없으므로 사물에 대해 이렇다 저렇다 주장을 하지 말고 모든 판단을 중지(그리스어로 '에포케')해야 한다고 주장한다. 그래야 마음의 평정(그리스어로 '아타락시아')을 얻을 수 있다는 것이다.

피론의 '돼지'는 잘 알려진 이야기다. 소설가 이문열은 〈필론의 돼지〉('필론'은 '피론'의 잘못된 표기임)라는 단편소설을 썼는데 거기서 피론의 돼지 이야기를 소개하고 있다.

필론이 한번은 배를 타고 여행을 했다. 배가 바다 한가운데서 큰 폭풍우를 만나자 사람들은 우왕좌왕, 배 안은 곧 수라장이 됐다. 울부짖는 사람, 기도하는 사람, 뗏목을 엮는 사람……. 필론은 현자賢者인 자기가 거기서 해야 할 일을 생각해보았다. 도무지 마땅한 것이 떠오르지 않았다.

그런데 그 배 선창에는 돼지 한 마리가 사람들의 소동에는 아랑곳없이 편안하게 잠자고 있었다. 결국 필론이 할 수 있었던 것은 그 돼지의 흉내를 내는 것뿐이었다.

바로 이 돼지처럼 살아야 마음이 평온해지고 행복해진다는 것이 피론의 생각이다. 아마 '귀차니스트'들은 이렇게 살 수 있을 것 같다.

피론의 회의론은 삶의 태도와 관련되어 있다. 세상에 믿을 것은 하나도 없으므로 모든 판단을 중지하고 돼지처럼 살라는 것을 가르친다. 그러나 학술적인 회의론자들은 그렇지 않다. 그들이 모든 것을 알 수 없다고 주장한다고 해서 실제로 살아가면서도 모든 것을 못 믿으며 사는 것은 아니다.

일상의 회의론과 철학적 회의론

일상생활에서 회의론은 어떤 일이 잘될까 의심할 때 쓰인다. 2006년 1월 일간지 축구 관련 기사들에서 그러한 예를 찾아볼 수 있다.

> 2005년 11월 스웨덴, 세르비아-몬테네그로 등 유럽의 축구 강호들과의 경기에서 박주영이 이렇다 할 활약을 보이지 못하자 '박주영도 결국 유럽 축구에는 통하지 않는다'는 일부 회의론적 시각이 대두되었다. 하지만 박주영은 사우디아라비아 등 4개국 초청대회에서 그리스 전에서는 천금의 동점골을, 핀란드 전에서는 화려한 결승골을 터뜨리며 이러한 회의론자들의 걱정을 보기 좋게 한 방에 날려주었다.

우리나라에서는 기독교의 전통이 깊지 않아 무신론자라는 말이 특별한 의미를 갖지는 않는다. 그러나 서양에서는 회의론자가 무신론자의 의미로 쓰이기도 한다(이런 점에서 버클리가 자신의 비물질주의로 회의론과 무신론을 동시에 비판한 것은 의미심장하다). 영어에서는 회의론자라고 하면 과학적으로 검증되지 않는 현상에 대해서는 믿지 않는 사람들을 가리키는 의미로 쓰인다. 그들의 회의의 대상에는 종교적인 기적, 외계인, 정신 분석 등이 포함된다. 회의론자의 사전에는 그 외에 침술, 점성술, 최면, 초능력, 손금 보기, 관상 등도 포함되어 있다. 우리나라 같으면 거기에 점, 궁합, 사주팔자, 택일, 해몽 등이 추가될 것이다.

서양에는 회의론자들의 모임도 많고 책도 많이 나오고 있다. 이것은 거꾸로 보면 그만큼 신비한 것들을 믿는 사람들이 많다는 뜻이다. 2005년 갤럽에서는 미국 사람들이 초자연적 현상을 얼마나 믿는지 조사했는데, 41%가 초능력을 믿는다고 한다. 유령의 집은 37%, 귀신은 32%, 텔레파시는 31%, 점성술은 25%, 외계인은 24%, 마녀는 21%, 윤회는 20%가 믿는다고 한다. 그리고 이런 것들을 전혀 믿지 않는 사람은 27%에 불과하다고 한다. 우리나라에서 조사해보면 어떤 결과가 나올까?

이 회의론과 구분하기 위해 철학에서의 회의론은 철학적 회의론 또는 인식론적 회의론이라고 부르는 것이 오해를 피할 수 있다. 그러나 우리나라에는 초자연적인 현상에 대해 스스로 회의론자라고 내세우는 사람들이 별로 없으므로 그럴 필요까지는 없을 것 같다.

특정 지식에 대해 회의를 하는 일상생활의 회의론과는 달리 철학적 회의론은 우리가 아는 지식 전반에 대해 의심을 보낸다. 일상생활의 회의론과 철학적 회의론의 또 다른 차이점은 일상생활에서는 회의론이 극복 가능하다는 것이다. 앞 기사의 박주영도 자신의 능력에 대한 회의론을 시원하게 날려버리지 않았는가? 그러나 철학적 회의론에서 의심하는 지식들은 언젠가는 의심에서 벗어날 수 있는 성격이 아니다. 적어도 철학적 회의론자들은 그렇게 생각한다.

일상생활의 회의론과 철학적 회의론의 차이점을 잘 보여주는 사례는 이 책 맨 앞에서 살펴본 몰래 카메라와 SF 영화다. 몰래 카메라에서 속는 당사자는 평소와는 다른 이상한 상황들이 계속되니 왠지 미심쩍은 생각이 든다. 의심스럽다는 생각은 하지만 가짜라는 결정적인 증거를 찾지 못해 진행자의 지시에 따른다. 그러다가 몰래 카메라임이 밝혀졌을 때 자신의 의심이 맞았다는 것을 확인한다.

이것은 〈매트릭스〉나 〈토탈 리콜〉 또는 '통 속의 뇌'와 비교된다. 가령 매트릭스 속에 사는 사람들은 자신이 사는 세상이 가짜라는 것을 의심하지도 않을 뿐만 아니라 의심을 하더라도 확인할 방법이 없다. 오직 매트릭스를 조종하는 컴퓨터만이 알 뿐이다. 철학적 회의론자들이 주장하는 점이 바로 이것이다. 우리들은 매트릭스 안에 사는 사람들처럼 우리가 알고 있는 것이 진짜

◆◆ 어떤 철학 시험

어느 철학 시험에서 다음과 같은 문제가 나왔다.
"이 책상이 존재하지 않는다는 것을 증명하라."
여러분 같으면 어떻게 답안지를 쓰겠는가?
이 시험에서 가장 높은 점수를 받은 답안은 고작 한 줄짜리였다. 그 답안지에는 이렇게 쓰여 있었다.
"어떤 책상요?"

인지 가짜인지를 알 방법이 없다는 것이다.

무어의 회의론 반박 논증

많은 철학자들이 회의론을 반박하기 위해 노력한다. 철학자들이라고 해서 상식과 어긋나는 주장을 즐겁게 받아들이는 것은 아니기 때문이다. 회의론과 회의론을 반박하는 현대의 논증들은 상당히 전문적이고 복잡하다. 그 논증들을 보고 있자면 그걸 이해하느니 그냥 회의론자가 되고 말겠다는 생각이 들 정도다. 여기서는 대표적인 반박 두 가지만 살펴보자.

첫째는 20세기 초반의 영국 철학자인 무어^{George E. Moore, 1873~1958}의 반회의론 논증이다. 19세기 후반의 영국은 버클리와 흄의 영향을 받은 관념론자들이 영향력을 발휘하던 시기다. 무어는 그런 관념론 또는 회의론을 참을 수가 없었다. 그래서 가장 순진한 반회의론 논증을 제시한다.

여기 손이 하나 있다. 여기 손이 또 하나 있다.
따라서 외부 세계는 존재한다.

이것은 세계에서 가장 짧고 가장 용감한 반회의론 논증이라고 할 수 있다. 무어의 논증은 돌을 발로 차서 버클리의 논증을 반박한 존슨 박사의 주장과 비슷해 보이지만 쉽게 넘길 수 없는 철학적인 배경이 있다. 무어의 생각은 이런 것이다. 여기에 두 논증이 있다.

논증 ① 여기 손이 있다. 따라서 외부 세계는 존재한다.
논증 ② 여기 손의 감각 경험이 있다. 우리가 통 속의 뇌가 아니라는 것을 알 수 없다. 따라서 외부 세계는 존재하지 않는다.

둘 다 논리적으로 보면 흠잡을 데가 없다. 그런데 두 논증에서 서로 모순되는 결론들이 나온다. ①은 그 결론을 받아들일 수 있는 논증이고 ②는 그 결론을 받아들이기 힘든 논증이다. 그렇다면 우리는 어떻게 해야 하는가?

무어에 따르면 받아들이기 힘든 전제들을 지닌 ②를 거부해야 한다는 것이다. 여기 손이 있다는 것보다 더 분명한 전제들이 어디 있는가? 무어가 보기에는 어떤 전제들도 이 전제보다 확실하지 않다. 따라서 회의론은 자연스럽게 물리쳐진다는 것이다.

무어 입장에서는 논증 ①의 전제가 논증 ②의 전제보다 훨씬 더 받아들이기 쉽다고 생각한다. ①의 전제는 틀렸다는 증명이 있기 전까지는 당연한 것으로 받아들일 수 있지만 ②의 전제들은 스스로 옳다는 입증을 해야만 받아들일 수 있다는 것이다. 이것은 법정의 무죄 추정의 원칙을 생각하면 이해하기 쉽다. 피고인이 유죄 판결을 받기 전까지는 무죄로 추정되는 법정에서는

"저 사람은 무죄다"라는 주장은 유죄라는 증거가 나오기 전까지는 옳다고 받아들일 수 있지만, "저 사람은 유죄다"라는 주장은 옳다는 증명이 되어야 한다. 법정에서 유죄를 주장하는 쪽에 증명의 부담이 있는 것처럼, 회의론 논쟁에서도 증명의 부담은 회의론 쪽에 있다는 것이 무어의 생각이다.

그러나 회의론자들은 무어의 이런 주장에 동의하기 힘들 것이다. 왜 증명의 부담을 우리가 져야 하는가? 왜 손이 있다는 주장은 증명 없이 받아들일 수 있는가?

이 책의 본문을 착실히 읽은 독자라면 무어의 논증이 선결 문제 요구의 오류에 빠져 있다는 것을 알 것이다. 여기 손이 있다는 전제는 증명이 필요 없는 분명한 것이라는 생각은 무어의 생각일 뿐이다. 그 전제 자체가 분명한지 그렇지 않은지 따져보자는 것이 회의론의 의도인데 아무 근거 없이 자신의 전제가 더 분명하다고 말하는 것은 독단적인 태도다. 아닌 게 아니라 회의론자들은 외부 세계의 존재를 의심하지 않는 사람들을 독단론자

◆◆ 철학의 스캔들

독일의 철학자 칸트는 외부 세계가 존재한다는 것을 증명하지 못한 것이 철학의 스캔들이라고 말했다. 반면에 독일의 철학자 하이데거(Martin Heidegger, 1889~1976)는 우리가 세계 안에 살고 있는 존재인데 외부 세계가 실재한다는 것을 증명하려고 시도하는 것이 철학의 스캔들이라고 말했다.

dogmatist라고 부르기도 한다.

퍼트넘의 회의론 반박 논증

퍼트넘Hilary W. Putnam, 1926~은 지금도 활동 중인 미국의 철학자다. 그는 통 속의 뇌 논증을 상대로 회의론의 문제점을 지적한다. 그의 반회의론 논증을 이해하기 위해서는 통 속의 뇌 논증만큼 황당한 또 다른 논증을 먼저 듣는 게 도움이 될 것이다.

우리 지구와 똑같이 생긴 쌍둥이 지구가 있다고 해보자. 쌍둥이 지구는 지구와 모든 것이 똑같다. 딱 한 가지만 빼고. 그것은 쌍둥이 지구 사람들이 '물'이라고 부르는 것의 화학 구조가 H_2O가 아니라 XYZ라는 것이다. 그러나 화학 구조만 다르지 쌍둥이 지구에서도 강에는 물이 채워져 있고 목마르면 물을 마시고 물이 하늘에서 비로 내린다. 그래도 쌍둥이 지구 사람들이 쓰는 '물'이라는 낱말은 우리 지구에 있는 물을 가리키지는 않는다. 따라서 쌍둥이 지구 사람들이 쓰는 '물'이라는 낱말은 지구 사람들이 쓰는 '물'이라는 낱말과 그 의미가 똑같지 않다고 봐야 한다.

철학자들은 이런 의미 이론을 의미론적 외재주의semantic externalism라고 부른다. 어떤 낱말의 의미는 우리가 머릿속에서 생각하는 것에 의해서만 결정되는 것이 아니라 머리 밖에 있는 세계의 대상에 의해 결정되기 때문이다. 쌍둥이 지구 사람들과 지구 사람들이 머릿속으로 생각하는 '물'은 똑같다. 강을 채우고 있고 목마르면 마시는 것이고 하늘에서 비로 내리는 것이라고. 그러나 쌍둥이 지구 사람들의 '물'과 지구 사람들의 '물'이 가리키는 것은 다른 대상이다. 그러므로 의미론적 외재주의에서는 두 '물'의 의미는 다르다는 결론이 나온다.

퍼트넘은 이 결론을 통 속의 뇌 논증에도 적용한다. 통 속의 뇌가 나무를 생각하고 있다고 해보자. 그 나무는 무엇을 가리키겠는가? 나무의 이미지? 아니면 컴퓨터가 뇌에 전달한 전기 자극? 아니면 그렇게 생각하도록 만든 컴퓨터 프로그램? 어쨌든 세상에 있는 나무는 아니다. 그러나 우리는 세상에 있는 나무를 생각한다. 따라서 우리는 통 속의 뇌가 아니라는 것이 퍼트넘의 결론이다.

그러나 이 논증은 당연히 우리가 세상에 있는 나무를 생각한다고 전제하고 있으므로 역시 선결 문제 요구의 오류에 빠진다. 그리고 좀더 세련된 컴퓨터라면 통 속의 뇌가 나무를 생각할 때마다 세상의 진짜 나무를 가리키도록 프로그래밍하는 것도 어렵지 않을 것이다.

좀더 복잡한 논증을 생각해보자. 통 속의 뇌가 다음과 같이 생각한다고 해보자.

나는 통 속의 뇌다.

정말로 통 속에 있는 뇌가 이렇게 말하면 이 말은 참일까? 퍼트넘에 따르면 거짓말이다. 왜냐하면 통 속의 뇌는 통 속의 뇌를 가리킬 수 없기 때문이다. 반면에 통 속에 살지 않는 뇌(보통 사람들의 뇌)가 이렇게 말하면 이 말은 참일까? 당연히 거짓말이다. 통속의 뇌가 아니니까. 퍼트넘은 통 속의 뇌는 이러한 모순에 빠지기 때문에 올바른 논증으로 성립될 수 없다고 주장한다. 따라서 통 속의 뇌 논증에 의존하는 회의론도 성립할 수 없다는 것이다.

그러나 퍼트넘의 논변도 그리 강력해 보이지는 않는다. 일단은 그의 의미론적 외재주의가 맞다는 전제에서 위와 같은 반론이 성립되지만 아쉽게도 의미론적 외재주의는 여러 의미론 중 하나일 뿐이다.

회의론은 우리에게 어떤 의미가 있을까?

회의론에 대한 가장 솔직하고 효과적인 공격은 애초에 인식론자들이 '안다'라는 말을 너무 엄격하게 쓴다는 것이다. 그들은 확실한 증거가 있을 때 또는 의심의 가능성이 전혀 없을 때 우리가 무엇인가를 안다고 말한다. 인식론자들이 즐겨 드는 예는 앞에서도 든 "이번 주 로또 당첨 번호는 4·9·13·18·21·34번일 것이다"와 같은 것이다. 그들은 그 믿음이 사실이라고 밝혀져도 안다고 말할 수 없으므로 앎에는 그 근거를 댈 수 있는 정당화가 필요하다고 생각한다.

　그러나 우연히 알게 된 것들이 아니라고 해서 우리가 꼭 정당화를 할 수 있는 것은 아니다. 우리는 지구에 사람들이 살고 있다는 것도 알고 물은 0°C에서 언다는 것도 알고, 돼지는 알을 낳지 않고 새끼를 낳는다는 것을 알지만, 정당화를 할 수 있을 만큼 확실하게 아는 것은 아니다. 우리는 일상적으로 정당화를 하지 못하고 정말로 그냥 알 때도 안다고 하지 않는가? 회의론자들은 자신들만의 특별한 지식의 조건을 가지고 있으면서 그 조건을 만족하지 못한다고 해서 우리는 안다고 할 수 없다고 말하는 것은 아닐까?

　철학적 회의론자의 논증이 옳든 옳지 않든 우리 삶에서 바뀌는 것은 없다. 회의론자들이라고 해서 여기에 담이 있는지 알 수 없다고 생각해서 담으로 뛰어들지는 않는다. 담이 관념에 불과하다고 생각하는 버클리도 마찬가지다. 우리가 회의론자들에게 배울 점은 건강한 의심의 정신이다. 그들처럼 확실한 이유가 있을 때만 안다고까지 생각하지는 않더라도 의심할 만한 이유가 있으면 받아들이지 않겠다는 자세를 갖는 것이다. 가령 지구에 사람이 산다는 주장은 확실한 근거는 대지 못하더라도 의심할 만한 이유는 없다. 반면에 외계인이 있다는 주장은 그렇지 않다는 확실한 근거는 못 대지만 의심할 만한 이유는 많다. 이런 자세로 모든 지식을 살펴본다면 우리는 합리적이고 비판적인 지식인이 될 것이다.

에필로그

Epilogue

지식인 지도

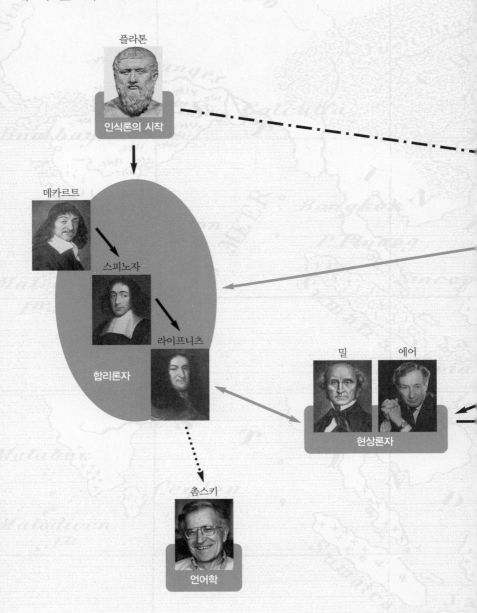

플라톤
인식론의 시작

데카르트

스피노자

라이프니츠

합리론자

밀 에어

현상론자

촘스키
언어학

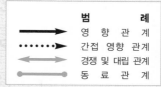
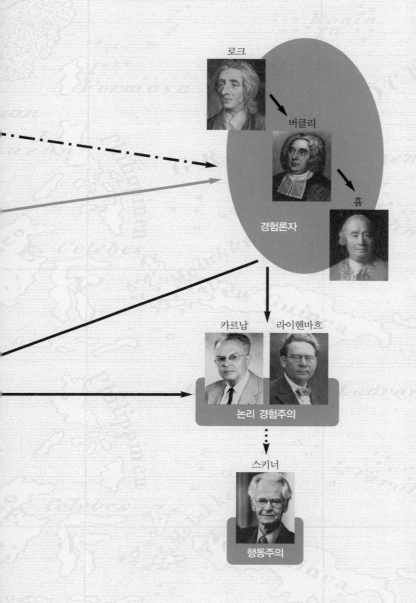

로크

버클리

흄

경험론자

카르납   라이헨바흐

논리 경험주의

스키너

행동주의

지식인 연보

• 데카르트

1509	프랑스 신학자·종교개혁가 칼뱅 출생
1543	천문학자 코페르니쿠스의 지동설에 관한 저서《천체의 회전에 관하여》출간, 코페르니쿠스 죽음
1546	독일의 종교개혁가 루터 사망
1561	영국 철학자·정치가 베이컨 출생
1564	천문학자 갈릴레이 출생
1571	천문학자 케플러 출생
1596	데카르트 출생
1616	셰익스피어 사망
1618	데카르트 군대 입대, 30년전쟁 시작(~1648)
1620	데카르트 군대 제대, 베이컨《신기관론》출간
1628	데카르트 네덜란드로 이주
1630	케플러 사망
1632	스피노자 출생, 로크 출생
1633	갈릴레오, 코페르니쿠스의 지동설을 지지해 종교재판에서 유죄 판결 받음
1637	데카르트《방법서설》출간

키워드 찾기

- **경험론** empiricism 모든 지식의 근원은 감각 경험에 있다는 견해.

- **관념론** idealism 물질은 관념에 의해 만들어진 것이라고 주장하는 견해.

- **꿈의 논증** dream argument 모든 경험은 꿈에 불과할 수 있다는 데카르트의 논증.

- **논리 경험주의** logical empiricism 경험적인 관찰이 가능한 주장들과 수학 또는 논리학의 주장들만이 의미 있는 주장이라는 견해. 논리 실증주의라고도 부른다.

- **방법적 회의** methodical doubt 더 이상 의심할 수 없는 확실한 지식의 토대를 찾기 위해 모든 것을 의심해보는 것.

- **데카르트의 순환** Cartesian Circle 데카르트의 추론이 순환적임을 지적한 말. 명석 판명한 진리의 기준이 참임을 알기 위해서는 신의 존재가 증명되어야 하는데, 우리가 신의 명석 판명한 관념을 가지고 있기 때문에 신의 존재가 증명된다고 한다.

- **데카르트적 회의론** Cartesian skepticism 데카르트가 제시한 방법적 회의를 이용한 회의론. 그는 내가 현재 분명히 안다고 생각하는 지식이 꿈을 꾸고 있을 때 얻은 지식 또는 전지전능한 악마가 나를 속여서 생긴 지식과 구별할 수 없다고 주장한다.

- **명석 판명** clear and distinct 데카르트의 진리의 기준. 명석 판명하게 지각된 것만 확실하게 존재한다.

- **물체** body 데카르트의 두 실체 중 하나. '연장'의 성질을 갖는다.

- **비물질론** immaterialism 물질은 존재하지 않고 지각되는 것만이 존재한다는 버클리의 견해.

- **상식 실재론** common sense realism 우리 감각이 외부 세계를 직접 지각한다는 견

해로 직접 지각되는 사물들은 실재한다는 이론. 직접 실재론 또는 소박 실재론이라고도 한다.

- **실재론**realism 외부 세계는 우리 마음과 독립적으로 존재한다는 주장.
- **악마의 가설**demon hypothesis 전지전능한 악마가 내가 아는 모든 것을 속이고 있다는 데카르트의 논증.
- **왁스의 비유**wax analogy 사물에 대한 이해는 감각이 아닌 이성에 의해 가능하다고 주장하기 위해 데카르트가 든 비유.
- **외부 세계 회의론**external world skepticism 외부 세계가 존재하는지 알 수 없다는 회의론.
- **이원론**dualism 실체는 물질과 정신 두 가지라는 견해.
- **인식론**epistemology 지식의 본성, 지식의 정당성, 지식의 근원, 지식의 가능성 등에 대해 연구하는 철학의 한 분과.
- **1차 성질과 2차 성질**primary and secondary qualities 1차 성질은 대상의 고유한 성질이고 2차 성질은 감각하는 마음이 만든 성질.
- **통 속의 뇌**brain in a vat 악마의 가설의 현대적인 버전. 사실은 외부 세계가 없는데 통 속에 든 뇌가 컴퓨터로부터 외부 세계가 있다고 믿게끔 자극을 받는다는 견해.
- **표상**representation 외부 세계의 대상을 마음속에 그린 이미지. 관념, 지각, 심상, 감각 경험 등과 비슷한 말.
- **정신**mind 데카르트의 두 실체 중 하나로 '생각' 이라는 성질을 갖는다.
- **표상적 실재론**representative realism 우리 감각이 표상을 직접적으로 지각하고, 그것으로부터 외부 세계를 추론해낸다는 견해.
- **합리론**rationalism 세상에 대한 중요한 지식들은 감각 경험의 도움을 받지 않는 이성에 의해서 생긴다는 견해. 이성론이라고도 부른다.
- **현상론**phenomenalism 현상에 대한 지식만이 확실하다는 견해.
- **행동주의**behaviorism 관찰 가능한 행동에 의해 인간의 심리 현상을 설명할 수 있다는 견해.
- **확실성**certainty 데카르트가 지식이 갖추어야 한다고 생각한 조건. 아무리 의심해도 의심할 수 없는 지식이 확실한 지식이다.

• **회의론** skepticism 우리가 무엇인가를 아는 것이 맞는지 틀린지 알 수 없다는 견해. 무언가를 믿지 못하는 상식적인 회의론과 구별하기 위해 철학적 회의론이라고도 한다.

깊이 읽기

- 르네 데카르트, 《성찰》 – 문예출판사, 1997

《성찰》 외에 《자연의 빛에 의한 진리 탐구》와 《프로그램에 대한 주석》이 함께 번역되어 있다.

- 르네 데카르트, 《방법서설》 – 문예출판사, 1997

《방법서설》은 여러 출판사에서 번역되어 있다. 그러나 데카르트 전문가인 이현복 교수의 번역이 가장 낫다.

- 버클리, 《하일라스와 필로누스가 나눈 대화 세 마당》 – 철학과현실사, 1997

대부분의 철학책들은 그 철학자에 대한 책보다 그 철학자가 직접 쓴 책이 더 읽기 쉽다. 버클리도 마찬가지. 특히 이 책은 대화 형식으로 되어 있어서 더 쉽다. 첫째 마당만 읽어도 된다.

- 버클리, 《인간 지식의 원리론》 – 울산대학교 출판부, 1999

- 안소니 케니, 《데카르트의 철학》 – 서광사, 1991

데카르트에 대한 고전적인 소개서. 아주 꼼꼼하다. 당연히 꼼꼼하게 따라가며 읽으면 한 철학자의 논증을 어떻게 해석하는지 그 맛을 느낄 수 있을 것이다.

- 브라이언 매기, 《위대한 철학자들》 – 동녘, 1994

영국의 철학자 브라이언 매기가 BBC 방송에서 철학 교수들과 위대한 철학자들의 철학에 대해 이야기를 주고받은 것을 토대로 나온 책. 일반인을 대상으로 하고 있고 대담 형식으로 되어 있어서 읽기 쉽다. 매기와 위대한 철학자들에 대해 대담을 나누는 철학 교수들도 당대의 일급 학자들이다. 우리 책과 관련해서는 '데카르트', '스피노자와 라이프니츠', '로크와 버클리', '흄' 등을 읽으면 될 것이다.

- 버트란드 러셀, 《서양철학사(상, 하)》 – 집문당, 2001, 2006

여러 철학사 책 중에서 가장 재미있는 철학사 책. 자신의 견해가 많이 들어가 있지만 그만큼 흥미 있다. 러셀은 노벨문학상도 탄 문장가이므로 영어 공부를 위해 원서로 읽어도 좋다.

• 버트란드 러셀, 《철학의 문제들》 – 이학사, 2000

아주 훌륭한 철학개론서. 이 책은 《철학의 제문제》라는 제목으로 수십 군데 출판사에서 나왔는데 이 책의 번역이 가장 충실하다. 1~3장이 인식론에 관련된 주제다. 특히 회의론에 관한 대목이 2005학년도 대학수학능력시험 예비평가 언어 영역의 지문으로 출제되었다. 러셀은 "최선의 설명을 제공하는 가설을 택하라는 원칙에 따르면, 나 자신과 나의 감각 경험을 넘어서 나의 지각에 의존하지 않는 대상들이 정말로 존재한다는 상식의 가설을 택하는 것이 합당하다"고 주장한다.

• F. C. 코플스턴, 《영국 경험론》 – 서광사, 1991

영국의 예수회 신부인 코플스턴은 9권이라는 방대한 분량의 철학사를 저술했는데, 그중 영국 경험론 부분을 번역한 책이다. 코플스턴은 방송에서 러셀과 신의 존재에 대해 토론한 적도 있다.

• 김기현, 《현대 인식론》 – 민음사, 1998

현대 철학, 특히 영미권의 철학에서 인식론의 문제들을 어떻게 다루는지 엿볼 수 있는 책. 회의론에 대해 한 장을 할애하고 있는데, 회의론에 대한 어떤 비판도 회의론자들은 피해갈 수 있음을 설명하고 있다. 그러나 바로 그 점 때문에 현대에 회의론에 대한 논의가 활발하지 못하고 회의론을 받아들일 것인가 아닌가가 일종의 태도의 문제인 것처럼 보인다는 지적을 하고 있다.

• 키런 오하라, 《플라톤과 인터넷》 – 이제이북스, 2004

인터넷 시대인 현대 사회에는 새로운 형태의 인식론이 필요함을 주장한다. 지식을 '정당화된 참인 믿음'이라고 규정하는 플라톤 당시에는 회의론과의 싸움이 의미가 있었지만, 정보의 홍수에 빠져 있는 지금은 지식은 효과적인 행동으로 옮겨질 수 있는 '유용한 정보'로 규정되어야 하고 그러면 회의론은 중요한 인식론적 문제가 되지 못한다고 말한다.

찾아보기

인류의 지성사를 이끌어온
100인의 지식인 마을 주민들